»Wer einem Kinde begegnet,
begegnet Gott auf frischer Tat.«

Martin Luther

Christa Meves

Wer einem Kinde begegnet . . .

Beiträge zu aktuellen Erziehungsfragen

Verlag Weißes Kreuz GmbH Kassel

Verlag Weißes Kreuz GmbH Kassel
1979
Deutschland: D-3500 Kassel-Harleshausen
Schweiz: CH-5724 Dürrenäsch

Graphik: Heimann, Kassel
Photo: Armin Binotto
Druck: Breklumer Druckerei Manfred Siegel
Printed in Germany
ISBN 3-87893-031-3

Inhalt

Kai und der Regenwurm – eine Einführung 7
Endlich Zeit für die Kinder 11
Vater sein – ein Geheimnis 16
Wie sich Gefühle entwickeln 22
Wieviel Erziehung braucht der Mensch? 28
Schuld als Schicksal 37
Verhaltensgestörte Kinder – verhaltensgestörte Gesellschaft 44
Gibt es Schulstreß? 56
Fernsehkonsum behindert die seelisch-geistige Entfaltung 66
Pfarrers Kinder – Müllers Vieh . . . 76
Das Kind – Prinzip Hoffnung 81
»Vater« und »Mutter« – unanständige Wörter? 89
Wer manipuliert die Jugend? 92
Vom Anstieg der Kinder- und Jugendkriminalität 98
Charakterprägung in ersten Kindheitsjahren 105
Halbzeit 109

Kai und der Regenwurm

Eine Einführung

»Lieber Kai!
Du hast mir vorhin am Telefon eine Frage gestellt, die ich so schnell nicht gut genug beantworten konnte, deshalb bekommst Du nun noch einen Brief, den Dir die Mama vorlesen wird. In zwei Jahren wirst Du selbst lesen können; darauf freue ich mich schon, denn dann werde ich sicher auch von Dir eine geschriebene Antwort bekommen. Briefeschreiben macht ja noch viel mehr Spaß als telefonieren.
Du hast gemerkt, wie ich mich gefreut habe, als Du erzählt hast, wie Du mit Dada das Frühbeet im Treibhaus vorbereitet hast, vor allem aber über den Satz, daß Du einen ganz großen Regenwurm gefunden und ihn gestreichelt hast. »Das ist gut«, habe ich gesagt, und Du hast zurückgefragt: »Warum?« Ich will Dir das also beantworten: Es ist gut, weil es dem Regenwurm nicht schadet, weil Du sorgsam mit ihm umgegangen bist und ihn in die Erde zurückgelegt hast. Man kann ja auch mit einem Regenwurm böse umgehen, indem man ihn quetscht und drückt, zerreißt oder zertritt – einfach so. Ich habe schon manchmal gesehen, daß Kinder mit Tieren so umgegangen sind, gerade mit den kleinen, den Käfern, den Fliegen, den Fröschen und Schmetterlingen. Und manche machen dabei auch ganz listige, lustige Gesichter, gerade wenn sie sehen,

wie das Tier sich windet und schreit. Das ist nicht gut, weil man den Tieren wehtut, weil man ihnen schadet oder sie sogar kaputtmacht. Quälen und Zerstören ist schlecht, Beobachten, Liebhaben und Pflegen ist gut. Es ist auch gut, daß man das bei den Regenwürmern übt, daß man sie nicht verachtet, weil sie klein sind, in der Erde wühlen und es so viele von ihnen gibt. Das darf kein Grund sein, um mit ihnen umzugehen, als seien sie ein Stück Dreck; sie sind nämlich Lebewesen wie wir. Es ist gut, das früh zu lernen und zu üben, dann kommt man später auch nicht auf die dumme Idee, sich kleinen und kranken Menschen gegenüber wie ein großmächtiger Riese zu fühlen und zu glauben, man dürfe sie quälen und ihnen schaden.
Du hättest mir die Geschichte von dem Regenwurm ja auch nicht erzählt, wenn es Dir hinterher nicht noch längere Zeit Freude gemacht hätte, daß Du den Regenwurm so lieb behandelt hast. Das wäre ganz anders gewesen, wenn du böse mit ihm umgegangen wärst: Dann hat man nur einen winzigen Augenblick lang ein gutes Gefühl, danach hat man bald ein schlechtes und deshalb versucht man, es so schnell wie möglich zu vergessen. Daran kannst Du auch immer merken, ob das, was Du getan hast, gut und richtig oder böse und falsch war. Denn im Grunde wollen die Menschen, die kleinen wie die großen, das Gute und Richtige und nicht das Falsche und Böse tun. Es wird nur deshalb manchmal damit schwierig, weil es einem im Moment noch sehr lustig zu sein scheint, den anderen fühlen zu lassen, daß man der Aller-allerstärkste ist. Wenn man das dem Regenwurm und sich selbst beweisen will, wird man ganz schnell böse. Darauf darf man sich eben gar nicht erst einlassen. Es stimmt ja auch nicht! Keiner von uns Menschen ist der Stärkste, auch wenn wir schon so groß und stark sind wie Dein Dada-Vater. Der Schnee und der Sturm bei Euch in Kiel sind stärker, die Sonne, die Nacht, der Blitz sind stärker – und erst der große Gott, der dies hier alles gemacht hat! Wir Menschen sind nicht Gott

und werden es auch nicht dadurch, daß wir an einem kleinen Regenwurm beweisen müssen, daß wir so stark sind, ihn totmachen zu können.
Wenn man das erstmal begriffen hat, fällt man auf diesen Trick, auf diesen viel zu kurzen Spaß auch gar nicht mehr so leicht herein; denn eigentlich mögen wir überhaupt nicht böse sein.
Neulich, als wir zusammen das Kasperlestück gesehen haben, wo der Koch die Prinzessin durch lauter Lügen dazu gebracht hat, geradewegs dem Riesendrachen in die Arme zu laufen, hast Du mich immer, wenn eine neue Figur auftrat, flüsternd gefragt: »Ist der gut, ist der böse?« Und wenn wir es dann heraushatten, dann hast Du mitgeholfen, daß die Guten gewarnt und die Bösen gehindert wurden, ans Ziel zu kommen. Nicht wahr? Im Grunde fühlt jeder von uns, wo das Gute ist. Wir erkennen es noch klarer, wenn wir uns deutlich machen, daß das Böse uns dazu bringen will, so zu tun, als könnten wir uns mit Regenwürmern, kleinen Geschwistern, mit Tieren und Bäumen alles einfach so erlauben. Das ist falsch. Wer einen Regenwurm streichelt, hat ihn lieb. Am Hochachten und Liebhaben läßt sich das Gute erkennen!«

Als ich die Sammlung der Aufsätze, die dieser Band enthält, zusammenfügte, kam mir der Einfall, ihnen einen Brief, den ich vor einigen Wochen meinem vierjährigen Enkel schrieb, voranzustellen. Die Beiträge des Buches wollen informieren, wollen auf Gefahren im Feld der Kindererziehung hinweisen, sollen rechtzeitige, konstruktive Hilfsmöglichkeiten darstellen, wollen warnen, wollen helfen, durch Erkennen und Unterscheiden das rechte Maß in der erzieherischen Begleitung der Kinder und Jugendlichen zu entwickeln. Aber bei aller Bemühung um Anschaulichkeit läßt sich das Timbre eines orientierenden Umgangs mit den Kindern durch eine beschreibende Information über Sachverhalte aus dem Bereich der Pädagogik nicht zur Darstellung bringen. Im Alltag fordert uns das Kind ja fortgesetzt zum Reagieren, Stellungnehmen, zu Wegweisungen heraus, die ihm eine Orientierung in seinem Leben später ermöglichen sollen. Wie sich das in etwa bewerkstelligen läßt – nicht nur für Mütter, sondern auch für Väter auf Geschäftsreisen oder für Großeltern in der Ferne, dafür möchte der einleitende Brief eine exemplarische Anregung sein. Wenn wir selbst hinreichende Kenntnisse über das Kind haben, wenn wir Erwachsene bewußt eine geistige Orientierung vollzogen haben, können wir das Kind in seinem Alltag geleiten – unter der Voraussetzung, daß wir uns auf seinen Entwicklungsstand einstellen.

Wir müssen grundsätzlich zunächst beobachten, aufnehmen, tasten, lauschen und nachdenken. Wir können dann auch realitätsgerecht, angemessen und sinnvoll handelnd dem Leben entgegentreten – besonders aber, wenn wir einem Kind und seinen Fragen begegnen.

Uelzen, im September 1979 *Christa Meves*

Endlich Zeit für die Kinder

In meine Praxis kommen häufig Eltern, die mit ihren Kindern große Sorgen haben. »Unser Matthias ist einfach unerträglich«, sagte kürzlich ein Elternpaar zu mir, »es ist wirklich schwer, ihn gern zu haben. Wo er ist, da ist binnen kurzem Unfrieden. Unentwegt sucht er Streit mit seinen Geschwistern, in der Schule beklagen sich die Lehrer, mit den Kameraden draußen beim Spielen legt er sich an, bis keiner mehr etwas mit ihm zu tun haben will. Wir haben uns so viel Mühe gegeben, das zu ändern: Wir haben ihn ermahnt, wir haben ihm erklärt, wieviel er sich damit verdirbt; es hat auch schon ab und zu eine Tracht Prügel gegeben, wenn er die Kleinen allzu unfair gequält hatte, Stubenarrest, Fernsehverbot – nichts, aber auch nichts hat geholfen. Und auch die Familienunternehmungen, die wir gern mit unseren vier Kindern machen, enden durch das Verhalten unseres Störenfrieds meist mit Tränen und Verstimmung.«

»Was machen Sie in den großen Ferien?« frage ich. »Die drei großen Buben – Matthias ist der mittlere – gehen auf eine Gruppenbildungsfahrt durch Südeuropa, unser Nesthäkchen besucht die Großmutter. Wir Eltern müssen endlich einmal Ruhe haben; schließlich brauchen auch wir Kraft für unsere Arbeit, zumal wir beide berufstätig sind«, erklären die Eltern. Ich gebe ihnen nun das Ergebnis der

Untersuchung bekannt: Ihr Matthias leide an einem Defizit. In noch hektischer Zeit, in schmalem Abstand zu den beiden Geschwistern geboren, habe er schon als Kleinkind sein Gefühl, zu kurz zu kommen, zu einem allgemeinen Abwehrsystem ausgebaut. Er schieße zu seinem Selbstschutz gewissermaßen fortgesetzt Sperrfeuer – nach dem Motto: »Angriff ist die beste Verteidigung; wenn mich schon keiner mag, so will ich mich wenigstens zur Wehr setzen.« Ich rate den Eltern, ihren Urlaub so zu organisieren, daß Matthias einen großen Teil allein mit seinen Eltern verbringen könne, ohne die Geschwister, und ich bitte die Eltern, diese Zeit zu nutzen – nicht zum Moralisieren und Strafpredigen, sondern zum Beschäftigen mit ihm, zum Spielen, Wandern, Sporttreiben oder dergleichen. Die Eltern sind skeptisch, aber ihre Not ist so groß, daß sie bereit sind, das Experiment zu wagen.
Glückstrahlend stehen sie nach einigen Wochen wieder vor mir: »Matthias ist total verändert«, berichten sie, »wir können es noch gar nicht fassen. Wir glaubten, einen anderen Jungen vor uns zu haben. Anstellig und fröhlich, tatendurstig und gesellig, aufgeschlossen und freundlich war er. Wir haben uns, so wie Sie uns rieten, sehr viel Zeit für ihn genommen. Meistens ist einer von uns allein mit ihm losgezogen. Und immer war es ein Vergnügen. Wir haben vor der Heimkehr der Geschwister dann auch die Ursachen seiner alten Nöte in sein Bewußtsein bringen können. Und wir haben alle beschlossen, einen neuen Anfang zu machen. Seitdem geht es auch in der Schule und mit den Kameraden unentwegt aufwärts. Uns allen ist ein Stein vom Herzen gefallen.« – Am größten aber war wohl der Stein, der von Matthias' Seele fiel! Denn Kinder, die auf die fehlende positive Zuwendung ihrer Eltern mit einer solchen reaktiven Aggressivität antworten, glauben sehr bald, daß sie unverbesserlich schlecht seien – und das bedeutet eine drückende Last! Oft lassen sich schwere Verhaltensstörungen ähnlicher Art mit so einfachen Mitteln

lösen. Das Grundrezept heißt: für das einzelne Kind Zeit zu investieren – immer einmal wieder, geduldig, täglich, mehr als sonst – und das über einen langen Zeitraum hinweg. Das Interesse, gleichbedeutend mit Dazwischensein, Mit-dem-Kind-Sein, kann es in der Tat aus seiner negativistischen Verkrampfung lösen. Es lohnt sich, für die Kinder Zeit zu haben! »Lasset die Kinder zu mir kommen und wehret ihnen nicht«, hat Christus gesagt. Und er hat uns damit ein Vorbild gegeben, das für unsere Zeit von besonderer Aktualität ist. Den Kindern unserer Zeit ist es zwar weit mehr als ihren Voreltern in deren Jugend erlaubt, äußerlich einen breiten Raum im Leben ihrer Eltern einzunehmen. Man wehrt die Kinder nicht mehr ab, wenn sie wie wir die Sessel im Wohnzimmer benutzen, wenn sie weitgehend uneingeschränkt von den Gegenständen Gebrauch machen, die die Umwelt enthält. Aber haben die Kinder deshalb Zugang zu unseren Herzen, unseren Ohren, schenken wir ihnen ungeteilt unsere Zeit? Das ist eine Frage, die wir nur allzuoft mit Nein beantworten müssen. Aber gerade dieses ist es, was sie so nötig brauchen wie das tägliche Brot: daß es doch einmal (nicht immerzu, aber doch öfter) so etwas gibt – die ganz ungeteilte, die von niemandem gleichzeitig beanspruchte Hingabe des Erwachsenen an das Kind, das Absolutum der Exklusivität. Denn nur in dieser Totalität kann die Selbstachtung des Kindes, die es zu seinem Leben so dringend braucht, aufblühen. Die Beobachtung des Kindes, der die Achtung vor dem zu »Lehen« anvertrauten Wesen vorausgeht, kann eine Hellhörigkeit des Erwachsenen zur Folge haben, die dem Kind in seiner Unverwechselbarkeit, in seiner Wesentlichkeit gerecht wird. Zwei schöne alte Zitate der großen Pädagogen Salzmann und Pestalozzi können diese Wahrheit bestätigen:

»Du mußt daher auch Unterhaltungen suchen, an denen die Kinder tätigen Anteil nehmen können. Zu diesen

rechne ich zuerst das Spiel, nämlich ein solches, das einen nützlichen Zweck hat, entweder dem Leibe eine freie Bewegung und Behendigkeit zu verschaffen oder die geistigen Kräfte zu üben. Diese Spiele kannst du von den Kindern selbst lernen . . .
Bei der Wahl derselben hast du auf zweierlei Rücksicht zu nehmen: daß sie einen wirklich nützlichen Zweck haben und daß sie deinen Kleinen Vergnügen machen. – O ihr alle, die ihr euch der Erziehung weihet, lernet, ich bitte euch, lernet mit Kindern spielen! Ihr werdet durch diese Übung drei wichtige Zwecke erreichen: die Kinder an euch ziehen und ihre Liebe und ihr Zutrauen erwerben, die Gabe, mit ihnen zu sprechen und sie zu behandeln, euch mehr eigen machen und Gelegenheit finden, in das Innerste eurer Kleinen zu sehen, da sie bei dem Spiele weit offener und freier handeln als in anderen Lagen und sich mit allen ihren Fehlern, Schwachheiten, Einfällen, Anlagen, Neigungen zeigen, wie sie wirklich sind.«
Christian Gotthilf Salzmann, 1799.

»Mensch! Vater deiner Kinder, dränge die Kraft ihres Geistes nicht in ferne Weiten, ehe er durch nahe Übung Stärke erlangt hat . . .
Der Mensch muß zu innerer Ruhe gebildet werden, Genügsamkeit mit seiner Lage und mit ihm erreichbaren Genießungen, Duldung, Achtung und Glaube an die Liebe des Vaters, das ist Bildung zu Menschenweisheit. Ohne innere Ruhe wallet der Mensch auf wilden Wegen, Durst und Drang zu unmöglichen Fernen rauben ihm jeden Genuß des nahen, gegenwärtigen Segens und jede Kraft des weisen, geduldigen, lenksamen Geistes. Kindersinn und Gehorsam sind nicht späte Folge einer vollendeten Erziehung. Sie müssen frühe und erste Grundlage der Menschenbildung sein. Aber wenn dein Vater dein Wesen in deinem Inneren stärket, dir deine Tage erheitert, deine Kraft zum Leiden emporhebt und das Übergewicht der Se-

gensgenießungen dir selbst in deinem Inneren enthüllet, so genießest du die Bildung der Natur zum Glauben an Gott. Das Brot, das mein Kind aus meiner Hand isset, bildet sein Kindergefühl und nicht sein Staunen über mein Nachtwachen und mein Sorgen für seine späteren Jahre.«
Johann Heinrich Pestalozzi, 1799

Letztlich ist in der Erziehung also ein Stück von der Radikalität jener Hingabe, jener totalen Liebe nötig, die Christus uns vorlebte, um ein Kind in seiner Seele so satt zu machen, daß es gedeihen und zu einer konstruktiven Lebensbejahung aufwachsen kann. Und da uns Modernen, Gehetzten, Überbeanspruchten dazu gerade heute die Kraft fehlt, brauchen wir nötiger denn je die Bitte um Kraft bei dem, der uns damit auch wirklich beschenken kann.

Eine Mutter in Sorgen betet: »Herr Jesus Christ, ich bitte Dich, fülle den leeren Brunnen meines Herzens wieder auf. Gib mir von Deiner Fülle, mit der Du uns durch das Übermaß Deiner Entäußerung beschenkt hast. Laß' mich nicht erschöpft und ausgeschöpft, wie ich mich heute abend fühle. Stärke mich durch Dein Dasein, daß ich morgen alle wieder annehmen kann, Michaela mit ihrer Langsamkeit, Thomas mit seiner Schnodderigkeit, Vater mit seiner ungeduldigen Reizbarkeit. Gib mir Deine Geduld und das Übermaß Deiner Liebe, Deiner Treue, Deiner Ausdauer. Laß mich jedem einzelnen meiner Nächsten, denen im Hause und denen in meiner beruflichen Arbeit, ganz gerecht werden! Laß mich ihnen in Wahrhaftigkeit meine Zeit schenken.«

Eine Haltung dieser Art beschenkt mit Mut. Christus sagt: »Gebt, so wird euch gegeben. Ein voll gedrückt, gerüttelt und überflüssig Maß wird man in euren Schoß geben; denn eben mit dem Maß, mit dem ihr messet, wird man euch wieder messen.«
Lukas 6,38

Vater sein – ein Geheimnis

Bei einem schwäbischen Kirchenvorsteher bin ich zum Abendessen eingeladen. Fröhlicher Kinderlärm umfängt uns, als wir zur Tür hineintreten. Eine Stimme ruft: »Vater ist da!« Aus allen Türen quellen plötzlich Kinder verschiedenen Alters. Ein kleiner Ruck der Zurückhaltung geht durch sie hindurch, als sie sehen, daß er eine Fremde bei sich hat. »Wir haben neun Kinder«, sagt der Kirchenmann. Und dann treten sie alle grüßend auf mich zu: Matthias und Sebastian, Lukas, Maria, Johannes, Ruth, Benedikt und die Nesthäkchen-Zwillinge Margareta und Brigitta. Zum Schluß erscheint aus der Küche, die Hände abtrocknend, auch noch die Familienmutter, jugendlich-munter mit frischer Gesichtsfarbe. Man drängt zu einem großen rechteckigen Tisch, der vor einer Sitzbank fast die ganze Länge des Raumes einnimmt. Der Vater nimmt am Kopf des Tisches Platz, die Mutter in der Mitte der Breitseite. Der Vater faltet die Hände zum Tischgebet. Auch die Kleinen werden still – und danach beginnt ein ebenso fröhliches wie diszipliniertes Essen. Sie sprechen miteinander, aber alle nacheinander, sie helfen einander, aber nicht durcheinander. Alle essen gut, keiner nörgelt, schlingt oder bummelt. Keiner der Kleinen steht auf und rennt davon oder verschwindet unter dem Tisch. Erst Vaters Dank ist das Signal zum Aufbruch.

Ein paar Tage später bin ich bei einem hessischen Akademiedirektor eingeladen. Die Eltern betreten mit mir die Wohnung. Schreie, Poltern, schrilles Schimpfen und Jaulen dringen zu uns. Keiner beachtet, daß die Eltern heimgekommen sind. Durch offene Türen schaut man in verwüstete Zimmer in chaotischer Unordnung. Der Krach wird bei näherem Zusehen von nur drei Kindern im Grundschulalter produziert. Sie sind gerade auf ihren Matratzenbetten in eine infernalische Balgerei verwickelt. Als ein langmähniges Mädchen in einer Atempause doch einmal neugierig zu mir, die ich in der Türe stehe, hinschaut, nicke ich ihr ein »Guten Tag« zu. Sie kommt auf mich zu und stößt mir ihren Fuß mit voller Wucht gegen das Schienbein. Die Mutter fragt: »Habt ihr schon gegessen?« »Alles was drin war im Kühlschrank«, kommt es zurück. »Da müssen wir sehen, daß wir noch etwas finden«, sagt die Mutter und lotst mich zu einem leidlich aufgeräumten Tisch in einem Nebenraum. Der Vater hat sich dort schon seine Pfeife gestopft und hinter die Tageszeitung begeben, während die Lärmkulisse von nebenan wiederum anschwillt. »Wissen Sie«, sagt er, auf dem Pfeifenstiel kauend, »wir halten nichts von dirigistischer Erziehung.«
Zwei Erziehungsstile – zwei Erfahrungen mit väterlichem Verhalten, die nachdenklich machen. Zum Vater-Sein gehört offensichtlich mehr als die Position eines Familienvorstandes, eines Ernährers von Kindern. Es gehört wohl auch noch mehr dazu als eine durchgängige oder sporadische Anwesenheit hinter der Tageszeitung in der der Familie zugehörigen Wohnung. Die beiden unterschiedlichen Empfänge des Vaters durch seine Kinder lassen ein entscheidendes Kriterium deutlich werden: Die Kinder der ersten Familie schauten allesamt zu ihrem Vater auf – achtzehn Augenpaare! Die sechs Augenpaare der zweiten Familie nahmen von ihrem Vater keine Notiz. Er war mehr oder weniger Luft für sie. Sie unterbrachen nicht für eine Sekunde ihre Beschäftigungen als er eintrat. Die neun

Kinder des Mannes aus Württemberg versammelten sich um ihn. Hatte er das mit dem Stock erzwungen? Hatte er das mit preußischem Kasernenhofdrill eingeübt? Es sah nicht so aus. Aber eins war gewiß vorausgegangen: Der Vater hatte seinen Kindern Be-Achtung geschenkt, ehe sie ihm das mit Achtung erwiderten.

Und dennoch haben mich meine Beobachtungen über das Phänomen gelungener und mißlungener Vaterschaft lehren können, daß es allein damit noch nicht getan ist.

Die Bejahung des Vaters durch seine Kinder – auch noch der Heranwachsenden – wird nicht etwa allein dadurch bewirkt, daß ein beschäftigungsloser Vater tagaus, tagein die Kinder pflegt und sich mit ihnen wie eine Mutter unermüdlich beschäftigt; sie wird auch nicht allein dadurch bewirkt, daß er mit seinen Kindern täglich eine Kissenschlacht macht und sich mit ihnen ringend und rangelnd auf dem Teppichboden wälzt. Ein Vater, der sich solcher Art wie ein Kumpan benimmt, wird vielmehr auch bald wie ein Gleichaltriger behandelt: als einer, mit dem man nach erfolgreichen Machtkämpfen tut, was man will, den man zum Sklaven degradiert. Solche Kumpanen werden letztlich ausgenutzt, mit Ansprüchen überhäuft, die man durch Geschrei erzwingt; sie werden, je älter die Kinder sind, um so weniger respektiert, sondern mehr wie nützliche Idioten behandelt und für die eigenen Zwecke mißbraucht.

Benehmen sich in einer Familie Mutter und Vater in dieser Weise wie die Diener ihrer Kinder, so wird das Erziehen zu einer großen Mühsal, die nicht selten chaotische Züge zeigt, vor allem dadurch, daß fortgesetzt irgendein Kind schreiend nach irgendeiner Befriedigung irgendwelcher Bedürfnisse verlangt.

Der kumpelhafte Erziehungsstil ist gewiß nicht generell nur schlecht; er ist zum Beispiel durchaus vertretbar, wenn er mehr von der Mutter allein vertreten wird, wie es ohne Schaden in vielen Familien üblich ist: Mutter ist die weiche, sie läßt relativ viel durchgehen, sie hält die Kinder an der langen Leine und gibt ihnen einen erheblichen Spielraum. Aber dieser Spielraum muß eine Grenze haben, wenn die Kinder nicht an der eigenen, sich ausweitenden Maßlosigkeit unglücklich und verwöhnt werden sollen.

Es gehört zu den väterlichen Aufgaben, der Repräsentant dieser Grenzsetzungen zu sein. Aber wie läßt sich das erwirken? Durch gebrüllte Befehle? Durch erzwungenen Gehorsam? Durch Demonstration von Macht – zum Koller aufgebläht? Vaterschaft dieser Art ist lächerlich, weiß unsere Zeit. Söhne und Töchter solcher Väter – die kritische Generation, die zur Aufmüpfigkeit früh herausgefordert wurde – knallen ihre Seelentüren und mitunter auch die Türen ihres Elternhauses bereits im Alter von vierzehn, fünfzehn, sechzehn Jahren hinter sich zu, wenn sich dort ein veralteter Patriarch in dieser Weise gebärdet. Autorität um ihrer selbst willen, vollzogen als Mißbrauch von Macht, auf dem Boden des Egoismus praktiziert, ist heute wirkungslos geworden. Und dennoch brauchen Kinder die Autorität des Vaters, um glücklich sein, um miteinander fröhlich und geordnet essen und leben zu können, wie es die Großfamilie in Württemberg zeigte. Wie findet der Vater heute zu einer wirkungsvollen Erfüllung seiner Aufgabe?

Ich habe den württembergischen Vater und seine Frau am späten Abend danach gefragt. »Ich kann Ihnen diese Frage beantworten«, sagte er, »weil ich mir selbst Gedanken darüber gemacht habe. Wir waren zu Hause auch neun Kinder, ich war der Jüngste, der Nachkömmling. Auch bei meinen Eltern herrschte die ruhige und gute Atmosphäre in der Familie, die Ihnen bei uns aufgefallen ist. Aber bei meinen älteren Geschwistern gab es die schon vor zwanzig Jahren in den neu erstehenden Familien nicht mehr. Sie trieben viel Aufwand mit der Erziehung – die einen antiautoritär, die anderen mit viel autoritärer Strenge.

Und dennoch gab es immer mehr Schwierigkeiten mit den Kindern. Als ich meine Frau gefunden hatte und wir unsere Zukunftspläne machten, haben wir einige Male sehr gründlich über die Ursachen nachgedacht. ›Sie fürchten Gott nicht mehr‹, sagte ich zu meiner Braut, ›sie machen alles nur noch äußerlich. Sie haben nicht mehr genug Ehrfurcht vor *seinem* Willen, sie fragen nicht mehr danach.‹ Es gibt wohl überhaupt keine väterliche Autorität als solche; sie ist entweder lächerlich oder böse. Es gibt nur eine demütige und gehorsame Schutzpflicht des Vaters gegenüber seinen Kindern. Um sie darf und muß man Gott wohl jeden Morgen neu bitten, damit er einem eingibt, wann man etwas durchgehen lassen kann und wann man streng sein muß, wann es nötig ist, zu strafen oder zu beschränken. Als unser Nest voller und immer voller wurde, haben meine Frau und ich gemeinsam für unsere Kinder gebetet. Wir haben hinaufgefragt, wenn wir ratlos waren, und wir haben um Kraft gebetet, wenn etwas besonders schwer war.«

»Ich habe mir nie vorstellen können«, fiel die Mutter ein, »daß Familie so schön sein kann. Ich komme aus einer zerrütteten Ehe, Vater trank und schindete Mutter; ich hatte schreckliche Vorstellungen vom Leben einer Mutter. Aber die Liebe und die Gottesfurcht meines Mannes haben mich eines anderen belehrt. Ich fühle mich tief geborgen durch die Kraft meines Mannes. Er beschützt uns alle ganz fest; und auch wenn einmal ein Kind abgewiesen werden muß mit einem Wunsch, wenn eins – was selten ist – eine Strafe bekommt, bin ich mit ihm einig, weil er nie ungerecht ist oder launisch oder böse. Jahr um Jahr ist die Liebe zu meinem Mann dadurch gewachsen. In den letzten Wochen hat er sehr viel außerhäuslich zu tun bekommen – aber auch wenn er fort ist, leben wir doch in seinem Geist, und wenn er heimkommt, so ist das ein besonderes Freudenfest.«

Im Hinterland von Stuttgart gibt es noch eine heile Familie! Sie ist heil, weil der Familienvater seine Aufgabe bewußt gestaltet: Er fragt nicht die Television oder die Magazine, wie er mit seinen Kindern umgehen soll, er nötigt seiner Frau nicht auf, ihren Sekretärinnenberuf wieder aufzunehmen, weil man sich dann vielleicht mehr Komfort leisten kann. Er fragt in Gemeinsamkeit mit seiner Frau seinen Gott. Er gebietet seinen Kindern in dessen Namen, er ist liebevoll und streng, fürsorglich und stark. Er gibt seinen Kindern ein überzeugendes und klares Beispiel der Verläßlichkeit und der Verantwortung. Er steht wahrhaftig und echt für seine Familie ein. In diesem Licht kann selbst eine in ihrer eigenen Kindheit verunsicherte Frau aufblühen – und neun Wunschkinder haben, ohne überfordert zu sein.

Der Ruf nach der Verantwortlichkeit des Vaters für seine Familie hallt heute mit Recht durch das Land. Der Vater tut not; aber allein die Nähe des Mannes in der Familie wird den so ersehnten Erfolg nicht erbringen können. Wir brauchen Männer, die auch als Väter erkennen, daß mit der eigenen Macht nichts getan ist – daß sie jener Hellhörigkeit des Joseph aus dem Evangelium bedürftig sind, die die Weisungen ausführen, die ihnen zugesprochen werden – zum Heil und Glück von Frauen und Kindern, die ihnen anvertraut und in ihren Schutz gegeben sind.

Wie sich Gefühle entwickeln

Es waren mehrere Jahre darüber ins Land gegangen, ehe ich den Freunden in Süddeutschland wieder einen Besuch machte. Sven war nun vierzehn Jahre alt – damals war er gerade sechs geworden. Ich hatte noch in lebhafter Erinnerung, wie er sich über die Taschenlampe gefreut hatte, die ich ihm mitgebracht hatte. Er jauchzte vor Freude, sprang hoch, schrie laut juchhu, rannte um den Tisch, stürmte dann nach draußen in die Dunkelheit und fuchtelte dort in wilder Begeisterung mit dem Geschenk herum.

Diesmal hatte ich ihm ein Boot mit Fernsteuerung mitgebracht – ein faszinierendes Ding, und ich war mir gewiß, daß es bei einem vierzehnjährigen Jungen Entzücken auslösen müßte. Sven, kaum wiederzuerkennen, lang aufgeschossen, hatte mich etwas hölzern begrüßt, packte das Geschenk aus, sagte »Ach so, danke!«, packte es wieder ein und verschwand lautlos. »Ist er über so etwas schon hinaus?« fragte ich seine Mutter. »Oh nein«, sagte die, »er freut sich bestimmt riesig, ist sicher schon damit los an den Teich; aber er zeigt schon seit längerem seine Gefühle nicht mehr.«

Der große und der kleine Sven waren in bezug auf ihre Gefühlsäußerungen kaum noch die gleichen. Was war geschehen?

Nun, sicher nichts Ungewöhnliches; vierzehnjährige Jungen hört man nur selten vor Freude jauchzen, laut und anhaltend weinen, eher wohl einmal vor Wut schreien. Ja, das gilt ganz allgemein: die Gefühlsäußerungen kleiner Kinder sind viel spontaner, viel elementarer, Stimmungen können ganz rasch wechseln, Gefühle sind schnell weckbar, ansprechbar, aber auch löschbar. Wenn wir herangewachsen sind, haben wir unser Herz nicht mehr so einfach auf der Zunge. Wir sind sparsam mit unseren Gefühlen geworden, ja vielfach legen wir großen Wert darauf, sie zurückzuhalten, uns »nichts anmerken zu lassen«.

Woran liegt das? Ist das eine positive Entwicklung, die sinnvoll ist, oder wäre es nötig, daran etwas zu ändern? Einerseits hat dieser Prozeß gewiß etwas mit unserer Erziehung zu tun. Eltern brauchen sich nicht einmal eines preußischen Erziehungsstils zu befleißigen, um nicht doch immer wieder, wenn eine Rücksicht fordernde Situation es verlangt, zu mahnen: Sei nicht so laut! Schrei nicht so! Hör auf mit dem Gebrüll! Nun langt's mit dem Flennen! Nimm Dich doch zusammen! Leise – Vater hält Mittagsruhe! – und was nicht noch alles. Auch maßvolle und gute Erzieher kommen nicht darum herum, ihre Kinder auf Grenzen aufmerksam zu machen, sie zur Rücksicht auf ihre Umwelt zu erziehen, ihnen deutlich zu machen, daß sie nicht allein auf der Welt sind – und daß jegliche Lautäußerung, die einer Mutter vielleicht wie Musik tönt, von anderen Menschen als Belästigung erlebt werden könnte. Aber auch der eigene Werdegang kommt einer solchen Disziplinierung der Gefühle entgegen. Spätestens um die Zehnjährigkeit setzt ein Bestreben ein, nicht jeden Menschen sogleich in den tiefsten Herzensgrund hineingucken zu lassen. Mancher Gefühle schämt man sich, andere möchte man gar nicht haben, einige will man einfach für sich selbst behalten, will sie nicht mit einem anderen Menschen teilen. Das ist kein Nachteil, sondern vielmehr das Zeichen einer allmählichen Differenzierung. Ein kleines Kind ist noch keine eigenständige, ausgeprägte Person, ist unmittelbar und offen an die Welt ausgeliefert. Auf dem Weg durch die Kindheit entwickeln wir durch eine zunehmende Abtrennung von der Umwelt unsere individuelle Eigenständigkeit. Verschlossenheit ist die Voraussetzung zur Entwicklung unserer Besonderheit, unserer Person. Dieses Bedürfnis nach Abschließung haben wir alle, soweit wir geistig und seelisch normal sind, und damit vollzieht sich auch eine Tendenz zum Hintanhalten unserer Gefühle.

Manchmal kann das freilich auch zu weit gehen, zum Beispiel wenn wir von unseren Erziehern die Fehlvorstellung übernehmen, daß Gefühle »Weiberkram« sind, wenn wir sie also abwerten und meinen, sie total – auch vor uns selbst – unterdrücken zu müssen. Das bekommt uns überhaupt nicht. Kürzlich berichtete mir eine Mutter in meiner Praxis, deren Tochter an Magersucht leidet, daß ihr Mann dem Mädchen bei jeder Gefühlsregung, bei jeder Träne und jeder Trotzreaktion mit einem Lineal auf die Hände geschlagen habe. Das Mädchen entwickelte eine maskenhafte Starre, war unfähig zu irgendwelchen Gefühlen, bekam aber statt dessen eine gefährliche, seine Existenz bedrohende Eßstörung. Solche und ähnliche Erfahrungen haben die Kinderpsychotherapeuten gelehrt, daß es zu einer Art »Seelenverstopfung« kommen kann, wenn ein Mensch fortgesetzt seine Gefühle unterdrückt. Oft bekommt er dann sogenannte psychosomatische Leiden, d.h. körperliche Beschwerden, die eine Folge der ungesunden Gefühlsabschnürung sind. Das liegt daran, daß Gefühlsbewegtheit, ob es sich nun um Freude, Trauer, Angst oder Zorn handelt, auch unseren Körper »bewegt«. Unser Pulsschlag beschleunigt sich, der Blutdruck steigt, die Kapillaren, die Pupillen erweitern sich, die Atmung steigert sich, Tränen oder Schweiß brechen aus, die Haut rötet sich oder erblaßt. Diese unsere körperliche Reaktion auf ein seelisches Gefühl drängt auch zur körperlichen Bewegung – zum Ausweinen, Weglaufen, Hochspringen,

Umarmen, Lachen oder Schreien. Die Blockierung all dieser Bewegungen durch einen verbietenden Zensor bewirkt, daß der Körper zu rebellieren beginnt: Die Gefühlsbewegung ist nicht durch ihren Ausdruck und Ausfluß entlastet worden; statt dessen geht sie in eine Verkrampfung über, die oft binnen kurzem körperliche Leiden heraufbeschwört: Kopf-, Bauch- und Schulterschmerzen, Zittern und Erröten bei allen möglichen und unmöglichen Gelegenheiten, Ticerscheinungen, Herzjagen, Durchfall, Verstopfung, Appetitlosigkeit, Erbrechen – das alles geschieht, wenn wir uns fortgesetzt verbieten, Gefühle zu haben und zu leben.

Unlängst erzählte mir eine Mutter in der Praxis, daß sie seit dem Tod ihres Mannes, der durch einen Unfall umgekommen war, an einer chronischen Magenschleimhautentzündung litte. Ich fragte sie, wie sie das schreckliche Ereignis verarbeitet habe. Sie antwortete: »Ach, zu trauern konnte ich mir nicht leisten, ich mußte ja stark sein für die Kinder.« Sie hat dann viele Stunden bei mir und am Grab ihres Mannes geweint. Und in dem Maß, wie der Kummer ausfloß, schwanden auch die Verkrampfungen ihres Magens.

Nicht minder gefährlich für unsere körperliche und seelische Gesundheit ist die fortgesetzte Unterdrückung von Wut. Sie kann nicht nur zu Leiden der eben beschriebenen Art führen, sondern auch zu einem jähen Hervorbrechen; ähnlich wie ein Damm unter der Gewalt anbrandender Wassermassen brechen kann, kann unterdrückter Zorn bewirken, daß man »platzt«. Auch ein solcher Jähzornsanfall ist nicht sonderlich wünschenswert, weil er alle Sicherungen überrennt und alle Steuerungen ausschaltet und dem von seinem aufwallenden Zorn Überwältigten mehr schadet als nützt.

Aus diesen Erfahrungen ergibt sich der Schluß, daß es nötig ist, seinen Gefühlen einen angemessenen Platz im Haushalt der Seele einzuräumen. Die Voraussetzung dazu ist, daß man seine eigenen Gefühle nicht verschmäht, daß man ihnen Anerkennung zollt, daß man sie als einen wichtigen und wertvollen Teil des eigenen Seins versteht, kurz gesagt: daß man sie achtet und bejaht. Es ist sinnvoll, sich zu verdeutlichen: Was wären wir Menschen *ohne* unsere Gefühle? Wie vertrocknet, erstarrt, leblos, eingefroren erscheinen uns die Menschen, die sie lebenslänglich unterdrücken. Wie wird das Leben farbig, wenn wir uns erlauben, uns zu freuen, zu trauern, zu weinen, zu staunen, zu lieben, mitzuleiden und uns in heiligem Zorn um einer guten Sache willen zu empören! »Sei nicht so emotional!« ist in den letzten beiden Jahrzehnten zu einem häufigen und – so meine ich – zu einem bedenklichen Schimpfwort geworden. Der nur rational lebende Mensch wird dann in einer pluralistischen Gesellschaft zu einem funktionalen Rädchen. Mit dem Verhindern und Verbieten seiner Gefühle schwindet dem Menschen seine Menschlichkeit und damit auch seine seelische Gesundheit.

Daraus läßt sich ablesen, daß wir unsere Gefühle nicht nur hoch achten, sondern auch pflegen sollten, daß wir mit ihnen umgehen sollten wie mit einem kostbaren, empfindlichen, geliebten Tierkameraden an unserer Seite. Ihm schenken wir durch unsere beobachtende Liebe auch das ihm zukommende Maß. Man kann Gefühle auch verwöhnen und übertreibend hochpäppeln – dann werden wir unechte Gefühlsschaumschläger. Wir sollten hingegen lernen, unsere Gefühle an die Leine zu legen, wo es der Umwelt wegen angebracht ist; wir sollten uns darin üben, sie einzugrenzen, wo sie wuchernd über die Stränge schlagen; wir sollten ihnen im Beisein vertrauter und vertrauenswürdiger Mitmenschen, oder wenn wir allein sind, auch immer einmal wieder ganz freien Lauf lassen, damit sie im Verströmen Entlastung finden. Gefühle sind kein überflüssiger Wurmfortsatz, sie haben wichtige Aufgaben in unserem Leben. Den Umgang mit ihnen zu lernen, sie pfleglich und liebevoll zu steuern – dazu hilft uns die Verhaltenheit des Jugendalters, die jedem Menschen entwicklungsbedingt in dieser Phase zugeteilt wird. Sie gibt uns die Chance, Einsicht in unser Gefühlsleben zu bekommen und dient uns so zu besserer Anwendbarkeit – zum Anhalten oder zum Verströmen, zur belebenden Steigerung unserer Kräfte. Jugendzeit ist der notwendige Durchgang zur Ausreifung der Seele, eine Phase der Einrollung gewissermaßen, um den angemessenen Umgang mit den eigenen Gefühlen vorzubereiten und einzuüben. Offenheit und Verhaltenheit, Verströmen und Vertiefen der Gefühle sind nötig, um eine ausgeglichene Erlebnisfähigkeit im Erwachsenenalter zu erreichen.

Wieviel Erziehung braucht der Mensch?

Die 13jährige Birgit ist empört: »Steht da mein Vater«, sagt sie, »als wir aus unserem Abendkurs kommen und grad' 'rüber wollen ins Big Ben, steht da, faßt mich am Arm, so daß es mir weh tut, und flüstert fast drohend: ›wir hatten abgemacht, daß Du nach dem Kurs nach Hause kommst‹, und schiebt mich ins Auto. Glatte Entführung ist das. Was denkt der sich denn? Mich so zu nötigen? Schließlich bin ich fast erwachsen. Eine Gemeinheit außerdem. Wo es so dufte ist im Big Ben, und blamiert hat er mich auch – vor den anderen.« »Hast Du ihn denn gefragt, was er sich denkt?« entgegnete ich. »Das kann ich mir schenken«, mault Birgit, »das weiß ich so schon, nichts als Repression, autoritär ist der eben«. Ich spreche mit Birgits Vater. »Nein«, sagt er, »ich habe keinerlei Bedürfnis, meine Tochter davon abzuhalten, mit netten Kameraden zusammenzusein. Ich will das Kind nicht in eine Marschrichtung zwingen, wie sie mir nun gerade paßt, was sie mir unterstellt beziehungsweise wie man ihr eingeflüstert hat, daß es so sei. Aber ich trage noch die Verantwortung für sie, und z.Zt. ist sie wie ein Quirl, unruhig und so lebenshungrig, daß sie sich unversehens in Abenteuer stürzen würde, die sie nicht übersehen kann und die ihr schwer schaden könnten. Ich kenne sie doch; sie handelt viel schneller als sie denkt. Sie ist gutgläubig und beeinflußbar.

Das Big Ben ist eine berüchtigte Diskothek. Da wird Hasch geraucht und gehandelt, da wurden gemeinsame Einbrüche geplant, da hält man es für richtig und selbstverständlich, zwischen Tür und Angel intim miteinander zu werden. Als ich jung war, da gab es auch so ein paar Mädchen. Jeder wußte: die waren so zum Ablecken für jedermann. Aber natürlich wollte die keiner wirklich haben. Ich habe einige der Schicksale verfolgt; diese Mädchen sind samt und sonders verkommen. Dazu habe ich doch in das Aufziehen meiner Kinder nicht alle Kraft investiert, daß sie von einer gefährlichen Libertinage koppheister genommen werden, bevor sie so weit sind, selbst unterscheiden zu können, was ihnen gut tut und was nicht. Aber ich sehe ein, daß ich nicht einfach wortlos in Aktion treten darf, sondern der Tochter mein Handeln begründen muß, damit sie spüren kann, daß ich aus Liebe und Verantwortung und nicht aus Neid und Machtbedürfnis so handele.«
In der Tat, es ist heute nötig, ein klares Bewußtsein darüber zu erwerben und zu vermitteln, woher der Erzieher das Maß für sein erzieherisches Handeln nimmt. Die Voraussetzung dazu heißt aber, sich der Frage zu stellen, wieviel Erziehung der Mensch überhaupt braucht? Was bekommt ihm denn nun eigentlich besser – eine strenge oder eine weiche Erziehungsweise?
Über diese Frage haben wir im vergangenen Jahrhundert eine Menge von Erfahrungen sammeln können – und zwar mit beiden Extremen. Noch im vorigen Jahrhundert galt eine rigorose Prügelerziehung durchaus als ehrenwert. Den Willen zu »brechen«, hielten manche Pädagogen damals für unumgänglich. Gewalt mit Rohrstock, Ausklopfer, mit Ohrfeigen und Püffen waren an der Tagesordnung. Selbstverständlich durften Kinder in der Schule geschlagen werden, wenn sie nicht gehorchten. Der Erfinder der so gesundheitsfördernden Schrebergärten, der Arzt Schreber, tat sich in der Erziehung seiner Söhne durch barbarische Erfindungen zur Sitz- und Schlafdisziplinie-

rung hervor mit dem Ergebnis, daß einer der Söhne sich im Erwachsenenalter das Leben nahm, der andere unheilbar geisteskrank wurde. Die Erfahrungen mit einer brutal gewalttätigen Erziehung sind eindeutig negativ gewesen. International übereinstimmend haben sie uns die Erkenntnis vermitteln können:

1. Dressur von Kindern mit Hilfe vorwiegend aggressiv-gewalttätiger Erziehungspraktiken führt zu einer Vermehrung und Stauung von Aggressionsbereitschaft der so Erzogenen.
2. Die dauernde Erhöhung der Aggressionsbereitschaft kann zu einer Charakterentwicklung führen, die den Menschen prägt, indem seine Aggressivität ihn beherrscht und zu einer Kette von Konflikten mit den Mitmenschen führt oder der Kampf gegen die eigene Aggressivität den Menschen körperlich leidend macht.
3. So ein Mißverhältnis im Haushalt der Seele bewirkt nicht nur einen aufwendigen Kräfteverschleiß, sondern bedeutet gleichzeitig eine Einschränkung des Verhaltensspielraums, der Entscheidungsfreiheit und der Entfaltungsmöglichkeit des Menschen; denn es bannt
4. den Menschen teilweise auf der Entwicklungsstufe fest, in der der Schaden entstand.

Gewalttätige Erziehungsformen haben eine Vermehrung von Gewalttätigkeit bei den so Traktierten zur Folge, so die Aussage einer umfänglichen Studie des Ehepaares Glueck aus den USA.
Es ist deshalb auch geradezu folgerichtig, daß das Pendel in der Mitte unseres Jahrhunderts mit der »antiautoritären« Welle in die Gegenrichtung ausschlug. Für harmlose Reagierer aber war das nach einigen Jahren offenkundig werdende Ergebnis allerdings überraschend: Die Kinder, die man so wenig frustriert wie möglich aufwachsen ließ, zeigten sich keineswegs lammfromm und brav – im Ge-

genteil: heftiger denn je tobten die Rivalitätskämpfe mit den Geschwistern, deutlich erkennbar und häufig anhaltend entstand im Kleinkindalter Trotz gegen die Erzieher. Diese Kinder wurden des öfteren früh behandlungsbedürftig, weil sie unbeherrschbar aggressiv wurden. Einigen Eltern wuchs die Erziehung einfach über den Kopf. Sie gaben zu: Die Zerstörungen durch die Kinder waren zu groß geworden. Wurde die Erziehung ohne Erziehung schon sehr konsequent im Kindergarten durchgeführt, ergab sich bei den Kindern bereits im Grundschulalter eine chaotische Unfähigkeit zur Disziplinierung, die sie zu Lernbehinderten werden ließ.

Ein junges Mädchen, das in eine junge Professorenfamilie zur Hilfe engagiert wurde, berichtete: »Mir wurde gesagt, daß ich niemals eines der drei Kinder zu irgend etwas zu berufen oder anzuhalten hätte. Nach einigen Tagen erwies sich, daß ich schon viele Vorgängerinnen gehabt hatte, die in einem fürchterlichen Wohnungschaos die Kinder zu beaufsichtigen versucht hatten. Keine hatte länger als acht Wochen durchgehalten. Die Kinder traten und bissen mich, sie spuckten sich gegenseitig an. Sie hatten zu nichts Lust als zum Lärmen und Streitmachen. Es war nicht zum Aushalten.«

Es hat sich per Großexperiment erwiesen: beide Extreme waren offenbar falsch, beide führten zu gefährlichen Fehlentwicklungen, die unübersehbare Lebensschwierigkeiten heraufbeschworen: Überangepaßtheit *und* Erniedrigung der Aggressionsschwelle zu Rach-, Quäl- und Streitsucht, zu Jähzorn und Machtanmaßung bei der gewalttätigen Erziehung; zu Unangepaßtheit, Frustrationsintoleranz, Intrigantentum, ebenfalls aber auch zu streitsüchtiger Aggressionsbereitschaft bei der Laisser-faire-Erziehungsform.

Das allgemeine Lebensgesetz, daß die Extreme oft zu ähnlichen Ergebnissen führen, fand in diesen Erfahrungen erneut eine konkrete Bestätigung.

Viele nachdenkliche Menschen stellen deshalb heute unsicher und ratlos die Frage: Wie finden wir denn nun das *rechte* Maß für unser erzieherisches Handeln?

Mir scheint, daß gerade unsere negativen Erfahrungen mit jenen extremen Erziehungsmethoden uns deutlich machen können: Wir werden grundsätzlich Mißerfolg haben, wenn wir uns im erzieherischen Umgang mit Kindern und Jugendlichen nach Konzepten richten, die wir uns auf dem Boden eigener Maßgabe ausgedacht haben. Denn das muß uns deutlich werden: Hinter beiden eben genannten »Experimenten« stehen zwar verschiedene, aber dennoch anmaßende Vorstellungen über das Wesen des Menschen: Der rigorose Willensbrecher glaubt dies tun zu müssen, um das Kind für sich und die Erhaltung seiner Herrschaft gefügig zu machen. Erzieher dieser Art haben sich selbst als Vorbild vergötzt und billigen lediglich die Nachahmung der eigenen Person. Oft belügen sie sich dabei selbst – glauben im Dienst Gottes zu stehen, haben aber längst aufgehört, seinen Willen zu erhorchen. Sie haben sich an seine Stelle gesetzt und sind dem Triebteufel der Macht anheimgefallen. Das Fragen und Hinhören ist in diesem Konzept verlorengegangen und hat einer apodiktischen, unfehlbaren, wirklichkeitsfernen Rechthaberei Platz gemacht. Da auch in bürgerlichen und adeligen Kreisen Deutschlands vielfach ein solch gefährlich falscher Erziehungsstil vorherrschte, konnte Reaktives gar nicht ausbleiben. (Und auch die allergische, oft realitätsferne Angst mancher linksextremistischer Erwachsener heute vor autoritärer Machtausübung in unserer Gesellschaft ist häufig auf dem Boden subjektiver, negativer Erfahrung mit mißbräuchlichen Erziehungsformen in der eigenen Kindheit gewachsen.)

Aber jene Reaktion, die Laisser-faire-Erziehung, bedeutet nichts Besseres, ist abermals Anmaßung, eigene Maßgabe, bedeutet, das Kind an seiner Wirklichkeit vorbeizumanipulieren. Die Laisser-faire-Erziehung setzt voraus, daß der Mensch nichts Vorgegebenes mitbringt. Ihre Postulierer sind davon überzeugt, daß der Mensch durch den Menschen zu machen sei. Seine Schlechtigkeit sei lediglich eine Folge der Schlechtigkeit, der autoritären Willkür seiner Erzieher. Sie fordern Grenzenlosigkeit für die Kinder, damit sie zu ihrer »Selbstverwirklichung« kommen. Freilich stehen dennoch die modernen Menschenmacher hellwach auf dem Quivive: Denn erst einmal aufgegrünt, sollen sie dennoch erzogen werden und zwar zum Einheitsdenken und Einheitstun in einer nun endlich gleichen, weil gleich erzogenen Gesellschaft.

Letztlich steht hinter beiden Erziehungskonzepten *ein* gefährlich falscher Geist, der Geist des Renegaten, der mit Goethes Prometheus trotzig sagt: »Hier sitz ich – forme Menschen nach *meinem* Bilde, ein Geschlecht, das *mir* gleich sei!« Erziehungskonzepte nach dem Motto »Backe, backe Menschen« sind – wie sich mit Hilfe der Psychopathologie und der Geschichte belegen läßt – falsch, weil sie Selbstanmaßung sind. Emanzipation von Gott aber hat in der Geschichte noch nie etwas anderes als Untergang zur Folge gehabt.

Das *Maß* in der Erziehung finden wir, wenn wir uns nicht als die Machenden, sondern als die *Horch*enden, die Gott Ge-horchenden verstehen. Zunächst: eine solche Haltung gibt nicht der angemaßten, sondern der richtigen Wissenschaft Raum. Jede echte Wissenschaft beginnt nämlich bei der minuziösen, der gründlichen, der achtsamen und achtungsvollen Beobachtung. Wer unter den Wissenschaftlern Kinder achtungsvoll beobachtet hat, ist oft zu sehr brauchbaren, realistischen und einfühlsamen pädagogischen Konzepten vorgestoßen, wie z.B. Karl Bühler, William Stern oder Eduard Spranger, über deren Forschungsergebnisse manche kopflastigen Pädagogiktheoretiker heute meinen, achselzuckend zu wirklichkeitsfernen Reformen vorwärtsschreiten zu müssen. Die Voraussetzung zu einer fruchtbaren Beobachtung besteht aber vor allem darin, Kinder nicht mit Züchteraugen zu betrachten und sie damit zu Züchtungsobjekten zu degradieren, sondern bereits die Neugeborenen mit den Augen des Gärtners anzuschauen, dem von einem höchsten Auftraggeber ein kostbarer, unbekannter Keimling anvertraut wurde mit dem Auftrag, ihn in sorgfältiger Pflege zu seiner schönsten Entfaltung zu bringen. Eine solche Einstellung wird den Erzieher sorgsam, pflichtbewußt und eifrig machen. Er wird immer erst beobachten, bevor er eingreift, er wird hellhörig werden für die Erfahrungen anderer, denen es gelang, der Pflanze Mensch zur Blüte zu verhelfen; er wird ohne Hochmut und falsche Schuldgefühle annehmen, was ihn negative Erfahrungen lehren können. Er wird aber vor allem die Pflanze Mensch schützen und behüten wollen, denn er hat ja einen Auftraggeber, dem er das Werk präsentieren will, für das er sich verantworten muß.

Diese Haltung findet außer durch ehrfurchtsvolle Beobachtung, die zum umsichtigen Eingreifen führt, Orientierung an den Grundwahrheiten des Evangeliums. Das höchste Ideal ist dort klar vorgezeichnet: Es heißt *Liebe*, die teilt, die heilt, die sich hingibt und Schwächen vergibt; aber auch: Liebe, die schmerzlicher Leidprüfung standhält, die Gott bis in den Tod hinein treu bleibt, die den Dienst für ihn, für seine Schöpfung, für das Licht gegen die Dunkelheit, gegen den Haß, gegen den Tod durchträgt. Wenn der Erzieher sich dieses seines Erziehungsziels bewußt ist, wenn er aus blindem Eifer nicht die Ehrfurcht vor dem langwierigen Werdeprozeß des Menschen verliert, so wird er gewiß auch im Alltag das Maß zur Erziehung von Kindern finden. Er darf dann auch als Vater ebenso sicher wie verantwortungsbewußt seine dreizehnjährige Tochter um 21.00 Uhr nach Hause bringen – *vor* dem Big-Ben-Besuch. Seine Toleranz gegen die Wünsche der Tochter darf aus Verantwortungsgefühl hier ihre Grenze haben. Die Eltern dürfen Grenzen setzen, wenn sie im Bewußtsein haben, daß es ihre Aufgabe vor Gott ist, ihre Kinder so lange zu beschützen, bis sie sich selbst beschützen können. Künftig ist freilich noch eins notwendig: Daß er ihr sehr genau immer wieder liebevoll sagt und durch seine Art zu leben zeigt, warum er so handelt. Es ist in unserer verwirrten Zeit wichtig, daß es Eltern und Erzieher gibt, die viel Zeit und viel Mühe darauf verwenden, den Kindern ihre Einstellung (besonders wenn es sich um ein Verbot handelt) deutlich zu machen, damit die Jugendlichen verstehen, daß die Alten die Gefahr von Machtanmaßung ganz genau im Kopf haben: daß sie sie ablehnen, daß sie ihr Eingreifen überprüfen, daß sie mit und für ihre Kinder eins zu verwirklichen suchen – Liebe zu leben. Nicht jedes Ja ist Liebe, nicht jedes Nein ist Ablehnung. Viel weichliches Ja kann besonders heute schlimme Verwöhnung oder böse Vernachlässigung sein; ein deutliches Nein kann tapferer Kampf in der Schutzpflicht für das Kind bedeuten. Diejenigen Eltern und Erzieher wenigstens, deren Lebensmaßstab Dienst an der Schöpfung, Dienst für die Liebe heißt, sollten ihre Einstellung klar vertreten und den älteren Kindern verbal verständlich machen, damit zumindest diese Jugendlichen verstehen können, was sie an solchen Eltern haben und merken, daß es sich lohnt, von ihnen für ihr eigenes Leben zu lernen; denn es ist nicht gleichgültig, ob Birgit im Big Ben zum Rauschgift verführt wird. Ist sie erst einmal eine süchtige Raucherin, hat sie weniger Freiheit, weniger Gesundheit, weniger Leben – die Mediziner haben darüber harte Statistiken. Es ist nicht gleichgültig, ob Birgit im Big Ben zum Alkohol verführt wird: Das Maß ist leicht verloren, die Kraft aufzuhören auch – und das Gift schadet dann vielleicht nicht nur Birgits Leben, sondern auch ihren noch ungeborenen Kindern – wird zur Schuld bis »ins nächste Glied«. Es ist nicht gleichgültig, ob Birgit zu einem gesunden oder elenden Leben gebracht wird – für niemanden – für sie selbst nicht, ihre Eltern nicht, die Gesellschaft nicht, die die Schwachen unterhalten muß, die nur durch

Gesunde getragen wird. Es ist aber vor allem vor Gott nicht gleichgültig. Es ist gut, Eltern zu haben, die das wissen, die danach leben, die das aussprechen. Einst wird Birgit darüber froh sein, wenn sie zurückdenkt und ihr eigenes Maß ertastet – im Umgang mit denen, die man ihr nun anvertraute . . .

Schuld als Schicksal

Ein 16jähriger Schüler bricht die Schatulle mit dem Spargeld seines Vaters auf, entwendet, was er dort vorfindet (500,– DM) und läuft damit von Hause fort. Er fährt in die nächste Großstadt, begibt sich in ein Spielkasino, verspielt das Geld, trampt danach in eine Hafenstadt, versucht als Matrose anzuheuern, macht Zechprellerei, stiehlt in einem Warenhaus einen Pullover, wird dabei erwischt, zur Polizei gebracht und mit deren Hilfe von den Eltern nach Hause geholt.

Auf der Suche nach einer Erklärung wird Stefan zur psychologischen Untersuchung geschickt. Was ist los? Stefan weiß es nicht. Die Eltern haben sich alle Mühe um ihn gegeben. Geschlagen wurde er nie. Es gab keinen Anlaß für das Fortlaufen. Den Vater verehrt er. Die Mutter empfindet er gelegentlich als zu genau – aber doch auch gerecht im Umgang mit ihm und den jüngeren Geschwistern. In der Schule war er nicht sehr gut – aber er war ohnehin mehr handwerklich und künstlerisch begabt und hoffte, nach dem Schulabgang mit der mittleren Reife eine Tischlerlehre zu beginnen. Keine hoffnungslose Situation – nichts Auswegloses oder Frustrierendes; hingegen unerträgliches Fernweh. »Weg wollte ich, vor allem weg«, sagt Stefan, »ich suchte etwas, aber ich weiß nicht was. Daß es der falsche Weg war, merkte ich bald: Ich fühlte mich so, so

schuldig vor meinen Eltern; deswegen konnte ich mich auch nicht melden . . .«
Ich fragte Stefans Eltern nach seiner Vorgeschichte. Diese ist dem Jungen unbekannt. Stefan war drei Jahre alt, als sie ihn aus einem Heim holten und adoptierten. Seine leibliche Mutter war Schauspielerin. Stefan war unehelich geboren worden, seine Mutter hatte ihn zunächst auf ihre Tourneen mitgenommen, hatte dann aber bald gemerkt, daß sich die Pflege des Kindes mit ihrem Beruf nicht vereinen ließ. Außerdem hatte der Vater – ein Intendant – der der jungen Frau Hoffnung auf eine Ehe gemacht hatte, ihr wenige Monate nach Stefans Geburt erklärt, daß er sich ihretwegen nicht scheiden lassen wolle, daß er es für besser hielte, sie gäbe das Kind zur Adoption frei. Die junge Frau hätte dennoch gezögert, dann das Kind zunächst in einem privaten Heim abgegeben. Aber als Stefan drei Jahre alt war, ging sie eine Ehe ein mit einem Mann, der die Schauspielerin nur unter einer Bedingung ehelichen wollte: die Freigabe des Kindes zur Adoption. So bekam Stefan endlich Eltern – ein sozial eingestelltes, kinderloses Ehepaar mit einer kleinen bäuerlichen Wirtschaft, die über das unbeschwerte Mitlaufen des kleinen Stefan erfreut, noch drei weitere Kinder adoptierten. Stefan machte zwar hin und wieder Schwierigkeiten, er wurde lange nicht bettrein und war ziemlich faul in der Schule – aber die Fülle der Nöte brach doch erst in der Pubertät auf; und als ich den Adoptiveltern erklärte, wie häufig die Sehnsucht nach der nicht-gehabten Urgeborgenheit im Kleinkindalter als Fernweh, als Versuch, das Eigentliche zu finden, in der Pubertät aufbräche, seufzte der Vater: »Die Schuld der Erzeuger des Kindes ist also zu seinem Schicksal geworden, aus der alten Schuld ist im Teufelskreis neue Schuld, die Schuld des Sohnes entstanden. Das Gericht wird ihn schuldig sprechen, sein Gewissen spricht ihn schuldig – aber ist er das eigentlich wirklich, wenn man die Zusammenhänge durchschaut?«

Fragen und das heißt Entlastungsversuche dieser Art des so verständnisvollen Adoptivvaters werden in der Sprechstunde von vielen Jugendlichen häufig in Eigenregie vorgenommen. Was kann *ich* schon dafür? Schuld sind doch eigentlich meine Eltern, die mich so allein ließen, so repressiv erzogen, die kein Verständnis für mich hatten. Da blieb *mir* doch gar nichts anderes übrig als so zu werden wie ich nun bin! Anklagende Worte dieser Art erinnern an Goethes Verse: »Ihr führt ins Leben uns hinein, Ihr laßt den Armen schuldig werden, dann überlaßt ihr ihn der Pein, denn alle Schuld rächt sich auf Erden!«*

Schuld als unentrinnbares Schicksal? Vermutlich ja, so würden wir aufgrund der vielen Vorgeschichten unserer Patienten sagen – aber dennoch nicht unbedingt als weiter fortbestehendes Schicksal; die Not des Schuldigwerdens kann in eine neue Nachdenklichkeit führen, kann den Ruck zur bewußten Veränderung bringen!

Stefan und seine Eltern konnten durch bewußtmachende Information zunächst einmal das absurde Verhalten zu verstehen beginnen. Es eröffnete sich dem Siebzehnjährigen die Möglichkeit, durch Wissen und Verständnis für sich selbst, nicht den Weg in die Selbstverwerfung zu gehen. Er konnte durch das Verstehen mit den Eltern lernen, seine unbewußten Bedürfnisse besser zu ertasten und sie gesteuert zu erfüllen, statt immer wieder ihren Durchbruch zu schuldhafter Handlung zu erleiden. Er begriff, daß es ihm nun möglich werden würde, erstmalig die Verantwortung für sich selbst zu übernehmen.

Dies ist ein Schritt, der unbedingt auch von all jenen Jugendlichen geleistet werden muß, die achselzuckend meinen, alle eigene Schuld auf die Eltern abschieben zu können. Ihnen muß deutlich werden, daß Schuld als Schicksal dieser Art praktisch alle jungen Menschen irgendwann einmal erfahren; denn es gibt keine Eltern, die alles richtig

* Goethe, Wilhelm Meister, 2,13.

machen; es gibt niemanden, der nicht mit irgendwelchen Seelenbeulen und Seelennarben in sein Erwachsenenleben entlassen wird. Deshalb spricht die Kirche mit Recht von der Erbsünde, der Unausweichlichkeit des Schuldigwerdens und der Erlösungsbedürftigkeit aller Menschen.

Mit dieser Schicksalsschuld wird in mehr oder weniger durchsichtiger Weise jeder Mensch einmal konfrontiert; aber diese Situation hat nicht den Sinn, wie man es aus Goethes Anklage entnehmen könnte, uns hilf- und mutlos zu machen, sondern in solchen Situationen steckt die Möglichkeit zur Besinnung, die Möglichkeit, die Schuld eben *nicht* abzuschieben, sondern sich als Täter zu der sich erneuernden Schuld zu bekennen: »*Ich* war es, der die Schatulle aufbrach, *ich* war es, der die Zeche prellte, *ich* war es, der den Pullover stahl. *Ich* war es also, der Unrecht tat. Ob mit oder ohne die Sünden meiner Eltern ist dies *meine* Schuld, die ich auf mich nehme, als Unrecht erkenne und den Versuch machen werde, in Zukunft dergleichen nicht mehr zu tun.«

Diese Einsicht ist nun zwar der erste Schritt zur Besserung – aber der Weg zur Hölle ist auch mit guten Vorsätzen gepflastert. Damit der Schuldige nicht durch immer neue Delikte seine Unverbesserlichkeit und Schwäche erlebt und daran schließlich hoffnungslos zum Wiederholungstäter wird, braucht er vor allem eine Instanz, vor der er sich einerseits zu verantworten hat, die ihn aber andererseits besser versteht als er sich selbst und die ihm (bei mancher Strenge) liebevolle Verläßlichkeit beweist. Dem Schuldigen ist ohne eine solche Instanz aus seinem Teufelskreis der Versuchung, des Schuldigwerdens und des Selbstverwerfens nicht herauszuhelfen. Es geht nicht ohne dieses Ja, ohne diese Bereitschaft zur Ver-antwortung, zum Bekenntnis vor der liebevollen Kontrollinstanz. Verständige Eltern oder Partner, erfahrene Therapeuten können diese Instanz bilden – aber wir müssen uns klarmachen: im Grunde sind sie es lediglich stellvertretend. Die eigentliche, auch die bessere, die absolut verläßliche Instanz dieser Art ist Gott. Die schicksalsbedingte Schuld, die meist neue, personale Schuld zu werden pflegt, läßt sich nur durch die verbriefte Verheißung zur Erlösung aller Schuld tilgen, wie sie von einem verständnisbereiten, strengen und verläßlichen Gott zugesagt ist. Aber sie setzt Hinwendung und Selbstbekenntnis der Schuld und d.h. den Mut zur Eigenständigkeit in der Verantwortung voraus.

Nun führt freilich nicht jede »Schicksalsschuld« automatisch zu neuen Schuldtaten. Es gibt merkwürdigerweise auch dies: Daß Menschen unentwegt hinter ihren eigenen ethischen Erwartungen zurückbleiben. Sie erwarten von sich z.B., daß sie exzessiv sparsam sind und empfinden jedes gekaufte Eis, jede in einer Cafeteria genossene Tasse Kaffee als schuldhaftes Versagen. Sie zerquälen sich, wenn sie ein Stück Brot haben verschimmeln lassen, sie sind mit sich böse, wenn sie einen Sonntagmorgen verschlafen haben. Sie sagen zu sich: Du solltest, du müßtest, du hättest . . . Sie fühlen sich schuldig und schuldiger werden, so daß sie schließlich meinen, weder einer Mahlzeit, noch eines Bettes, noch eines warmen Zimmers, ja der gesamten Existenz würdig zu sein. »Krankhafte Schuldgefühle« dieser Art können zu schrecklichen Sühnehandlungen führen, die peinigende Akzente bekommen können, und die vor allem den einen Sinn haben: Sühne zu leisten für quälende Schuld. Nicht mehr zu essen, im Zimmer stundenlang zu stehen, sich kleine Alltagsfreuden zu versagen, sich bewußt Schmerzen zuzufügen gehören in die grausame Schatulle solcher Selbstkasteiungen, die deshalb zu Zwängen werden, weil sie den Druck der Schuld momentan ein wenig zu entlasten in der Lage sind und daher trotz aller Unlust immer neu gesucht werden. Zur Verstrickung im selbstgesponnenen Netz wird dieses System, wenn die Kasteiungen zu Stagnationen des Lebensflusses oder gar zu körperlichen Beschädigungen führen. Dann tritt zu der rigorosen Eigenüberforderung durch das Schuldgefühl noch die faktische Schuld, auf die das *Gewissen* reagiert. Bis zum Tod durch Verhungern oder Selbstmord gibt es ohne Behandlung aus diesem Eigengefängnis oft kein Entrinnen mehr.

Das Schicksal krankhafter Schuldgefühle entsteht meist durch die Verinnerlichung perfektionistischer, erzieherischer Forderungen an das Kleinkind. Wer im Kleinkindalter erfährt, daß er nur angenommen wird, wenn er in untadeliger Weise den perfektionistischen Forderungen der Erzieher entspricht, hat es später schwer, sich dieser Übersteuerung zu entziehen. Besonders gefährlich ist eine solche Entwicklung, wenn der Erzieher seinem Kind auch Gott als eine Perfektion fordernde Kontrollinstanz entwirft und stellvertretend vorlebt. Die sogenannten *eklesiogenen Neurosen* haben in solchen Erziehungsirrtümern ihre Ursache.

Es ist für Menschen dieser Art nötig, über lange Zeit forderungsloses Beschenktsein als unser aller Lebensgrundlage an einem Mitmenschen zu erfahren, um den Zwang zur Seinsrechtfertigung allmählich abbauen zu können. Der Gedanke, daß uns Gott ohne jede Gegenforderung seine Liebe schenkt, kann gerade bei rigoros Gläubigen eine entlastende Hilfe zur Heilung bedeuten.

Zum individuellen Schicksal kann aber auch eine echte irreversible Schuld werden: Zigarettensucht, früh begonnen, die im mittleren Lebensalter bereits ein Raucherbein, eine Beinamputation und Frührentnerleben bedeutet, ist Schicksal durch gesundheitsschädigende Schuld. Beim chronischen Leberschaden auf der Basis fortgesetzten Alkoholmißbrauchs, bei der Querschnittslähmung als Folge eines Brückensturzes in selbstmörderischer Absicht ist das nicht anders, bei einer lebenslangen Haft nach einer Mordtat, wie bei der ungewollten und leidvollen Kinderlosigkeit als Folge einer Abtreibung. Schuld kann sich als nicht mehr veränderbares Schicksal festschreiben.

Lebensfortgang dieser Art bedeutet für den, der den Kausalzusammenhang nicht verdrängt, eine täglich neue, kaum erträgliche Qual. Sich selbst ohne die Möglichkeit zur Wiederherstellung ruiniert zu haben und daran immerfort seelisch und körperlich leiden zu müssen, das ist die fürchterlichste Lebenssituation, die einem Menschen zustoßen kann. Eine ähnliche Wirkung haben heute häufig auch die Leiden von Müttern, die über die international abgesicherten Forschungsergebnisse im Blick auf die Betreuungsnotwendigkeit der Säuglinge durch eine konstante Bezugsperson voll informiert waren, aber trotzdem bewußt ihre Kinder in immer wechselnde fremde Hände gaben, um dann den Haß, die Rachsucht, den Zerstörungswillen, die Mutlosigkeit dieser Kinder im Jugendalter erleben zu müssen, ohne daß es ihnen noch gelingt, das Unglück aufzufangen.

Gegen wissentliche, irreversible Schuld hat die Psychologie keine Rezepte; denn auch die Gegebenheit, daß viele Menschen in gleicher Weise schuldig wurden, entlastet nur momentan angesichts des Elends, das Tag für Tag neu ausgehalten werden muß. Das Christentum allein hat die Möglichkeit einer echten Entlastung in einer solchen Schicksalssituation: Es setzt die Sündhaftigkeit des Menschen voraus und verheißt dem Sünder Erlösung von aller Schuld. Es läßt sogar mitten im Schuldigwerden seinen großen Sinn offenbar werden: nämlich die Möglichkeit, durch die Einsicht in seine Schwäche eine neue, aufbauende, vertiefte Lebensveränderung vollziehen zu können. Gerade die Schuld kann das Tor aufstoßen zu einem Glauben, der dem Leben die entscheidende Priorität gibt: Aus Wasser und Geist wiedergeboren zu werden und auch das Leiden als einen sinnvollen Weg im Dienst für Gott anzunehmen und durchzustehen.

Verhaltensgestörte Kinder – verhaltensgestörte Gesellschaft

Es gibt keine Statistik, die die Zahl der Sorgen und Nöte von Eltern heute mit ihren jugendlichen Söhnen und Töchtern in Zahlen zusammenfaßt. Mit der Zahl derjenigen, die bei Beratungsstellen Rat suchen, ist sie jedenfalls gewiß nicht abgedeckt; denn viele Eltern suchen gar nicht einmal mehr Rat, weil sie wissen, daß die heranwachsenden Kinder doch nicht einwilligen würden, bei einem Fachmann Hilfe zu suchen. Sie lehnen das, wie viele andere Vorschläge der Eltern, kategorisch ab oder sie sind für elterliche Vorschläge gar nicht mehr erreichbar. In meinem Briefkorb befinden sich täglich Briefe von solchen verzagten Eltern, die mir ihre Not lediglich schildern wollen, um sich zu entlasten, die aber auch wissen, daß es keine Hilfe für jemanden geben kann, der nicht selbst Hilfe sucht. Die Sorgen solcher Eltern sind ebenso verschiedenartig wie ähnlich: Der Sechzehnjährige hat in der Schule das Handtuch geworfen und sitzt seitdem untätig zu Hause herum – oder er hat sich einer fragwürdigen Gruppe mit einem zweifelhaften Nachtleben angeschlossen und verschläft zu Hause seine Tage, oder er ist einfach ausgezogen und wohnt in einer Kommune, oder er grüßt aus dem Zirkel einer Jugendreligion – oder Sohn bzw. Tochter sind plötzlich überhaupt weg, unauffindbar für mehrere Monate, oder man muß sie nach einem Selbstmordversuch – meist mit Tabletten – in eine Klinik einweisen. Oder sie essen nichts mehr, die Töchter, über Monate und Jahre nur noch Paprika, allenfalls am Sonntag eine Mohrrübe, oder sie essen alles, essen immerzu und sind trotz ihrer Jugend unförmig dick, oder man erfährt plötzlich per Brief vom Gericht, daß sie mit dem Gesetz in Konflikt kamen – oder sie weigern sich, mit den Eltern zu sprechen und leben in der Familie wie eingerollte Schnecken in ihrem eigenen Haus, oder sie erzählen lachend, daß sie in Holland gewesen wären und dort ein Kind haben abtreiben lassen. Oder die Mütter konstatieren bei ihren Kindern eine graue und immer grauer werdende Gesichtsfarbe, immer mehr geweitete Pupillen und Zustände von Geistesabwesenheit, die unübersehbar auf den Genuß von Rauschgift hinweisen. Oder die Kinder sind einfach nur aggressiv, werfen mit atemberaubend häßlichen Worten um sich und sind von morgens bis abends übellaunig, unansprechbar und uneinsichtig. Die Zahl der Eltern, die schwere Last dieser Art tragen, ist, so scheint mir, unübersehbar groß. Die Drachensaat, die sich seit zwanzig Jahren in der Bundesrepublik aussät, ist dabei, zu bitterem Elend aufzugehen. Wo ist Hilfe? Bei der Mehrzahl der Unwilligen gibt es keine, sie müssen, wie es der Volksmund wieder einmal so treffend weiß, ihr Fell nun zu Markte tragen, der Fehlweg muß nun erst in eine Krise führen, in der der junge Mensch selbst seine Hilfsbedürftigkeit erkennt. Aber dann gibt es leider auch dies: Ein Zuspät, zum Beispiel für den Heroinsüchtigen, dessen Gehirn defekt geworden ist, für den Alkoholiker, der sich eine Schrumpfleber angetrunken hat, für den Lebensmüden, der beim absichtlich verursachten Verkehrsunfall eine Querschnittslähmung davontrug. Wir dürfen uns nicht täuschen: Unser künstlich gewordenes Leben, das vielen Kindern den Lebensstart in ein seelisch stabiles Erwachsenenleben verwehrt, kostet bereits eine Vielzahl von Opfern – nicht nur an Toten, sondern vor allem an Ver- und Zerstörten.

Wer dieser Not mit wachem Bewußtsein ins Auge schaut, dem geht die Frage nicht mehr aus dem Sinn, ob in dieser Situation denn wirklich Resignation die zulässige Reaktionsform ist. Das Labilwerden der jungen Generation war für jeden Fachmann, der etwas von den Entfaltungsbedingungen einer gesunden Seele versteht, voraussagbar, ohne daß es durch eine allgemeine Einsicht zum Vorbeugen dieses Massenelends gekommen wäre. Das ist ein bitteres, beklagenswertes Versäumnis. Aber um so brennender wird die Frage, ob wir nicht wenigstens jetzt, wo die negativen Auswirkungen schon so sichtbar sind, endlich dazu ansetzen müßten, gezielte Maßnahmen zu ergreifen. Wir werden unglaubwürdig, wenn wir von Solidarität und sozialer Verantwortung für den Mitmenschen reden und dabei unbekümmert den so großen Notstand der Familien in der Bundesrepublik Deutschland übersehen. Dieser Notstand trifft uns alle, weil wir ohne eine hinreichend intakte junge Generation als Volk keine Zukunft haben können. Deshalb sollte sich jeder mündige Bürger einer liberalen Demokratie aufgerufen fühlen, an der Lösung der Probleme mitzuarbeiten.
Aber abgesehen von der Dringlichkeit einer verantwortlichen Wachheit jedes Bundesbürgers in bezug auf vorbeugende Maßnahmen zur Stärkung der Familie können Laienerzieher auch im Kindesalter noch etwas tun, um zu verhindern, daß sie als Eltern von erwachsenen Kindern eines Tages resigniert erkennen müssen: Für dieses Kind kommt die Hilfe zu spät.
Schon im Kindesalter gibt es eine Reihe von Kennzeichen, die den kundigen Eltern zu vermitteln vermögen: Unser Kind leidet unter seelischen Spannungen, die sich durch geschickte und geduldige Bemühung jetzt noch beseitigen lassen, während sie sich später zu bedenklichen Lebensschwierigkeiten auszuweiten drohen.
Dabei ist es für die Eltern wichtig zu wissen: Nicht aus jedem Spannungsfeld wird mit Sicherheit eine tiefgehende

seelische Erkrankung; bei vielen Kindern verschwindet sie mit zunehmender seelischer Kräftigung ohne Behandlung von selbst. Aber wir sollten uns dennoch nicht darauf verlassen und alles tun, um die kleinen Schwierigkeiten ohne übersteigerte Angst als Signale der Gefahr und als Aufruf zur Lebensveränderung ernst zu nehmen.

Bevor ich nun damit beginne, die Merkmale zur Früherkennung künftiger Lebensschwierigkeiten zu beschreiben, muß ich kurz gerafft die Frage beantworten: Ja, aber warum gibt es denn plötzlich in unserem schönen, friedlichen Leben diese vielen seelischen Nöte? Ich möchte die Ursachen dafür mit Hilfe eines Vergleiches zu verdeutlichen suchen.

Stellen Sie sich vor, Sie hätten sich in Ihrer Freizeit aufs Rosenziehen verlegt. Auf dem Boden nachdenklicher Erfahrung haben Sie es zu einiger Meisterschaft gebracht: Sie können die einzelnen Sorten unterscheiden, Sie wissen, wieviel Lehm, wieviel Sand die eine oder die andere Rose braucht, wie die Nuancen der Pflanzzeit, wie der Abstand voneinander, wann der erste Schnitt, wann der zweite zu sein hat. Sie wissen, wann und wieviel es zu düngen und zu wässern gilt, wann die wilden Triebe und wann die verblühten Blüten zu entfernen sind. Sie haben Erfolg aufgrund von Sachverstand und Liebe. Aber dann müssen Sie für ein paar Jahre die Betreuung Ihres Gartens abgeben, und Sie geben sie vertrauensvoll in die Hand eines jungen Gartenbauarchitekten mit Hochschulabschluß, der sich mit Eifer Ihres Eigentums annimmt. Aber als Sie heimkehren hat sich Ihr Garten in eine Mischung von dornenreicher Wildnis und teilweise schon entgrünter Wüste verwandelt. Was ist geschehen? Der Gärtner hatte alle alten, klugen Bücher über die Kunst des Rosenziehens in den Keller verbannt, Ratschläge Erfahrener vernachlässigt bzw. gar nicht mehr eingeholt und bedenkenlos mit den kostbaren Pflanzen zu experimentieren begonnen: die Schößlinge erst gar nicht in die Erde, sondern in künstliche

Nährlösungen gepackt und dazu keineswegs etwa sorgsam in Einzelboxen, sondern er hatte sie ohne Beachtung des notwendigen Abstandes der einzelnen Rose von der anderen dicht an dicht zusammengepfercht. Dann hatte er sie, unabhängig von der Sorte, auf die gleiche Höhe gestutzt, sie einer fatalen Überdüngung und Überwärmung ausgesetzt, schließlich an den dürftigen, seltenen Knospen im wildwuchernden Gestrüpp herummanipuliert, um sie möglichst früh zur Blüte zu bringen, und dann alles mit einem ätzenden Gift übersprüht.
Gewiß, das muß zum Mißerfolg führen! Aber geradeso verfährt man mit unseren Kindern in unserem künstlich gewordenen Leben: Man legt die Kinder in die künstliche Nährlösung Babyzimmer in der Wöchnerinnenstation der Kliniken. Man setzt sie der Künstlichkeit von Kunstnahrung aus. Man überläßt sie Kinderkrippen und Babyhotels. Man pfercht sie zusammen in die Frühinstitutionalisierung unserer Kindertagesstätten, der Vorschulen, der Massenmittelpunktschulen. Man verwöhnt sie, indem man ihnen viel zu viele Materialien viel zu leicht zur Verfügung stellt. Man treibt sie in den Wildwuchs dadurch, daß man sich weigert, ihnen ihre Grenzen abzustecken. Man ermuntert sie mit Hilfe einer fatalen Gleichheitsideologie zum trotzenden Fordern, züchtet so Riesenansprüche und nennt das ihre Rechte. Man manipuliert an den Knospen, indem man sie in die Verfrühung, ausgerechnet auf den gefahrenreichen Sektoren Sexualität und Intellektualität nötigt.
Jede einzelne dieser Maßnahmen muß – so läßt sich, wenn man etwas vom Menschenaufziehen versteht, erkennen – gesundes Wachstum erheblich dezimieren, Einbuße an Blüte und Blatt bewirken, bei mancher Sorte schon völliges Abknicken und Eintrocknen. Aber dies alles zusammen – und dann noch mit dem ätzenden Gift einer hämmernden Haßideologie im Knospenstadium zu überschütten –, das ist eine atemberaubende Summation an Fehl-

maßnahmen, die das moderne Gemisch von seelischer Schwäche, von Schlappheit, Bindungsschwäche, Aggressivität, Ordnungslosigkeit, Riesenansprüchen, fehlender Ausdauer, Empfindlichkeit, Mutlosigkeit und Anfälligkeit für betäubende Süchte zur Folge hat, die das Wesen der Not ausmacht.

Wenn wir aber Hoffnung bekommen wollen in bezug auf unsere Zukunft, muß man die Entfaltungsbedingungen der Art Mensch beachten, statt sie zu mißachten, statt den törichten, gefährlichen Versuch zu machen, das werdende Wesen nach eigener Maßgabe formen zu wollen.

Zu den natürlichen Entfaltungsbedingungen der Art Mensch gehört hingegen:

1. die konstante Betreuung des Neugeborenen, vor allem durch die leibliche Mutter mit ihrer natürlichen Nahrung, der Muttermilch;
2. die Einwurzelung in eine Familie, eine Heimat mit Eltern, Geschwistern und Verwandten und einer Umwelt, in der man Spielraum und Grenze erfährt;
3. phasenspezifisches Erziehen, indem man den Reifegrad des Kindes durch Beobachten ertastet und phasengerechte Anstöße und Anregungen der Phantasie und des Geistes vermittelt;
4. Kampf gegen die Verwöhnungsmöglichkeiten unserer Kunstwelt wie Fernsehen, Auto, automatisches Spielzeug;
5. verläßliches Geleit des Kindes in den Jahren der Kindheit durch Vater und Mutter und deren bewußtes Bemühen, auch geistige und religiöse Orientierung vorbildhaft zu vermitteln.

Eine Wiedergewinnung dieser Grundpfeiler seelisch gesunden Wachstums hat nun freilich vordringlich noch eine Voraussetzung, die nur mit Hilfe gesellschaftspolitischer Programme geschaffen werden kann: der Lösung der sogenannten Frauenfrage.

Man kann nicht erwarten, daß es möglich ist, die Mädchen durch ihre gesamte Kindheit und Jugend darauf vorzubereiten, im Beruf ihren »Mann zu stehen« und zu hoffen, daß sie sich dann von selbst mit Leidenschaft ins Haus zurückziehen, um dort »Heimchen am Herd« zu spielen. Flucht zurück wird es bei einer solchen Marschrichtung nicht geben können. Wir haben uns neue gangbare Wege für die moderne Frau auszudenken.
Den unumgänglich notwendigen Dienst für die Familie kann die zum Beruf und zu selbständigem Verdienst erzogene Frau nur dann erfüllen, wenn man ihr die Möglichkeit gibt, bei ihrem kleinen Kind zu bleiben. Das wird sich bei der Mehrzahl der jungen Familienmütter nur realisieren lassen, wenn man

1. Muttersein zu einem staatlich anerkannten, vom Staat honorierten Beruf macht und den Müttern eine selbständige Berentung garantiert und
2. wenn man Programme zur Rückgliederung der Frauen in ihre Berufe oder neue Berufe entwirft, die es den Müttern möglich machen, nach dem Flüggewerden der Kinder wieder überpersönliche Aufgaben zu übernehmen.

Freilich: Ehe die schwerfällige Apparatur einer liberalen Demokratie zur Realisierung solcher Maßnahmen kommt, muß ihr die Not wohl noch sichtbarer und spürbarer an den Hals steigen. Bis dahin ist die einzelne Familie, das einzelne Ehepaar auf Selbsthilfe angewiesen. Wie gesagt, wenn sich durch Unkenntnis und Fehlinformation in den ersten Jahren ihrer Entfaltung bei den heutigen Kindern Fehlentwicklungen angebahnt haben, läßt sich durch energisches Umstellen der Erziehungspraxis noch mancher späteren Lebensnot vorbeugen. Allerdings ist eins dazu unerläßlich: die kleinen Signale seelischer Unausgeglichenheit ganz ernst zu nehmen.
Wenn man zwanzig Jahre lang sorgfältig Vorgeschichten von Jugendlichen und jungen Erwachsenen erhebt, die Lebensschwierigkeiten von der Art haben, wie ich sie

eben beschrieb, so kann man erkennen, daß die Erstsymptome meist längst und unerkannt bereits im frühen Kindesalter auftraten, zu einer Zeit, als es noch einfach gewesen wäre, der Fehlentwicklung Einhalt zu gebieten.

Ein erstes bedenkliches Merkmal für die seelische Not eines Kindes ist seine Spielunfähigkeit, sein Unvermögen, spätestens vom fünften Lebensjahr ab selbsttätig phantasiereiche Spielideen zu entwickeln und sie gestaltend zu verwirklichen. Kinder, die von diesem Alter ab nur undifferenziert toben oder passiv bleiben, sich dabei daumenlutschend, nägelbeißend, schaukelnd, onanierend oder haarereißend mit sich selbst beschäftigen, sind nicht ungezogene, sondern leidende Kinder, die noch aus der Not eine Tugend machen, indem sie eine Ersatzbefriedigung zur Linderung ihrer Mißstimmung gefunden haben.

Frühes Kennzeichen seelischer Not im Kindesalter ist auch das übersteigerte Konsumieren von Trinkbarem und Süßigkeiten, schon ganz und gar, wenn daraus ein Übergewicht resultiert. Eine Symptomatik dieser Art zeigt an, daß das Kind seinen Zustand als einen seelischen Mangel erlebt, den es durch gieriges Verschlingen auszugleichen versucht. Dabei dürfen die Eltern nicht übersehen, daß auch Verwöhnung auf die Dauer als ein solcher Mangel erlebt wird.

Unverstellter kommt die innere Bedürftigkeit eines Kindes im Stehldrang zum Ausdruck. Er sollte von den Eltern als Notschrei des Kindes und nicht als moralische Verfehlung verstanden werden. Nicht Diffamierung, Ausstoßung und strafender Liebesentzug heilen die eben beschriebenen Symptome, sondern eine intensive Hinwendung zu dem gefährdeten Kind, eine innigere Gemeinschaft mit ihm und vermehrte personale Anerkennungsbereitschaft ihm gegenüber.

Nicht als Not erkannt wird von Laien oft eine Schwierigkeit um die Ausscheidung: das Bettnässen. Dabei hat diese Verhaltensstörung einen sehr spezifischen Signalcharakter: Bettnässende Kinder haben als Abwehrmechanismus gegen die Angst, sich allein und verlassen zu fühlen, einen Tiefschlaf entwickelt, der es ihnen ermöglicht, nichts mehr zu hören und zu sehen. Die Notwendigkeit zu solcher Abwehr muß also abgeschafft werden, zum Beispiel durch mehr sicht- und hörbare Gegenwart der Bezugspersonen, vor allem in der Nacht, durch liebevolle Zuwendung, durch das gleichmäßige und konstante Erleben von Geborgenheit, besonders am Abend vor dem Einschlafen. Leichter haben es Laienerzieher hingegen, direkte Angstsymptome ihrer Kinder wahrzunehmen. Ein Kind, das sich bleich vor Bauchschmerzen windet, weil es in den Kindergarten, in die Schule oder in einen Kurs geschickt werden soll, empfängt meist mehr, wenn auch oft falsche Beachtung. Es ist keine Lösung von Nabelkoliken, die auf einer Verkrampfung der inneren Organe beruhen, wenn man dem Kind den Blinddarm oder die Rachenmandeln entfernen läßt. Kindergartenangst und Schulangst dieser Art, oft auch Einschlafängste sind meist schon durch ein seelisches Schockerlebnis, das weder Kind noch Eltern im Bewußtsein haben, manchmal schon vor Jahren ausgelöst worden. Durch eine Maßnahme ähnlicher Art – etwa einen Krankenhausaufenthalt – kann die alte Angst sich neu beleben und zu einer generellen Blockade der Entwicklung ausweiten. Heute viel öfter als früher haben Kinder eine Neigung zu einer solchen panischen Angstbereitschaft. Sie ist die Folge von Schockerlebnissen innerhalb der ersten drei Lebensjahre. Abrupte Trennungen von der Mutter, Unfälle, Mißhandlungen, ärztliche Eingriffe spielen als Hintergrund dieser Nöte eine große Rolle. Ein Großteil dieser das Gleichgewicht immer wieder gefährdenden Leiden hätte vermieden werden können, wenn die eingreifenden Erwachsenen etwas über die fundamentale lebenslängliche Verstörbarkeit von Kinderseelen in den ersten Lebensjahren gewußt hätten. Ein Kleinkind sollte generell nicht ohne seine vertraute Bezugsperson stationär im Krankenhaus aufgenommen werden. Das allein entspräche einer verantwortungsbewußten Schlußfolgerung aus der Einsicht in die so langdauernden Folgen frühkindlicher Trennungs- und Todesängste. Sie im Kindesalter dann nicht zu überhören, sondern in kleinen Schritten abzugewöhnen, ist eine dringlich notwendige Maßnahme, die seelische Katastrophen in oder jenseits der Pubertät vermeiden hilft. Die Verhaltenstherapie hat uns auf diesem Feld zu manch erfolgreicher Anregung verholfen.

Weniger leicht als ein Kind, das Angst erkennbar zeigt, hat es dasjenige, das Angst mit Gegenangriff beantwortet und so zu bewältigen sucht. Das aggressive, oppositionelle Kind wird sehr viel leichter als unbotmäßig, als unverschämt, als rügenswert mißverstanden. Zwar ist es gewiß nötig, daß die Aggression abgewiesen wird, aber heilende Wirkung können nur jene Maßnahmen der Erzieher haben, die das Kind als bedrängt und verzweifelt erkennen und auf diese intrapsychische Situation antworten, anstatt lediglich auf das äußere aggressive Verhalten des Kindes allein. Nur allzuoft tut auch hier ein wiederholtes Beschäftigen nur eines der Eltern mit nur diesem einen Kind große Wunder – und der Störenfried verwandelt sich in wenigen Wochen in ein freundliches Lamm.

Auch langfristige Eßverweigerungen jenseits der Zehnjährigkeit sollten als ein depressives Symptom ganz ernst genommen werden. Sie sind das Anzeichen einer Mutlosigkeit, eines viel zu schwachen Selbstwertgefühls: Man hält sich nicht für wert, essen zu dürfen, das Leben schmeckt nicht, man möchte lieber zurück als voran. Dieser Symbolgehalt eines Mangels an Lebensmut findet sich auch bei der in den letzten Jahren so zunehmenden Magersucht der Mädchen, die das Auftauchen weiblicher Rundungen, vor allem auch jeglichen Ansatzes von ein wenig Bauchspeck mit einer panischen Angst vor dem Dickwerden beantworten; denn dick werden heißt Frau werden, und ein Leben als Frau zu führen, fürchten sie mehr als den Tod und zwar meistens, weil ihnen das Leben der Mutter (nicht selten berufstätiger, geschiedener, getrennt lebender, von Männern mißhandelter Mütter) grauenhafter erscheint, als den Hungertod zu sterben. Nicht nur die Emanzipation der Mütter, sondern auch der Gleichheitswahn, der es den jungen Mädchen vorschreibt, so dürr wie junge Männer zu sein und intellektuell soviel zu leisten wie sie, treibt heute zahllose Mädchen in diese gefährliche Sackgasse. Weichen sollten sofort gestellt werden – durch Herauslösen aus einem meist viel zu problematischen Elternhaus und den Versuch, durch sehr spezifisch weibliche Lebensformen ein Umdirigieren auf ein anderes mütterliches, aber auch väterliches Vorbild einzuleiten, um die Noxe der Kindheit aufzufangen.

Wichtig ist auch zu erkennen, daß Kinder mit der Angst vor dem eigenen oder dem Tod von Angehörigen, mit der Angst vor geschlossenen Räumen, vor Infektionen mit Tollwut oder ähnlichen Krankheitserregern mit Wasch- und Kratzzwängen glauben, Schuld sühnen zu müssen. Aggressionen oder sexuelle Phantasien und sexuelle Handlungen stellen sich meist als die Quelle der Nöte heraus – Nöte, die keineswegs durch eine weitgehende Enttabuierung im sexuellen und aggressiven Bereich zu entschärfen sind. Im Gegenteil: Die allgemeine Libertinage, die Verfrühung und Erlaubnis zu sexuellen Handlungen und Manipulationen hat bedrängende Ängste dieser Art in den letzten Jahren erneut gehäuft auftreten lassen.

Ohne die langfristige Bemühung einer Bezugsperson um das Vertrauen der Verstörten lassen sich diese Nöte nicht lösen. Es ist aber außerordentlich sinnvoll, eine Heilung *vor* dem Beginn der Pubertät zu erreichen, weil sonst die Gefahr besteht, daß die Störungen zu manifesten Neurosen ausufern.

Bei fast allen Kindern des eben beschriebenen Typs (mit Ausnahme derer, die ihre Not durch Leistungsehrgeiz zu kompensieren suchen) wird der Umwelt die Schwierigkeit am deutlichsten sichtbar in einer Minderung der schulischen Leistungsfähigkeit. Ihre Möglichkeit zur Aufmerksamkeit ist generell durch die innerseelische Spannung geschmälert, woraus viele weitere Teufelskreise der Entmutigung, des Passiv-, Depressiv- und Unordentlichwerdens oder einer allgemeinen Verlangsamung resultieren. Da heute bereits viele Kinder an einem Defizit an Geborgenheit oder irgendwelchen gravierenden seelischen Verletzungen aus der frühen Kindheit leiden, hat sich das Leistungsniveau der Schule ohnehin dem leistungsgeminderten Durchschnitt anpassen müssen. Kinder, die in der Grundschule versagen, obgleich sie ihrem geistigen Entwicklungsstand gemäß eingeschult wurden, zeigen damit also eine erhebliche Bedrängnis, die unbedingt der Beachtung, der Diagnose und der Therapie bedarf. Bei vielen der gestörten Kinder im Grundschulalter ist diese Therapie noch von Laien, also von den Eltern durchführbar unter der Voraussetzung, daß diese bereit sind, sich langfristig persönlich dafür zur Verfügung zu stellen, das Zuwendungsdefizit in einem intensiven Kontakt mit dem Kind auszugleichen. Drei halbe Stunden Zuwendung extra mit diesem Kind allein pro Woche, Stunden, in denen man sich gemeinsam konstruktiv und lustvoll spielend, bastelnd, sporttreibend beschäftigen sollte, sind erstaunlich oft geeignet, eine große Gefahr zu bannen, die in den Signalen der Erstsymptome bisher unbemerkt längst schon in Erscheinung trat. Der Weg zur seelischen Gesundheit basiert auf der Treue, der Verläßlichkeit, der Langmut, der Geduld, der Liebe als Vorgabe von Mutter und Vater an das Kind. Bis zur Pubertät läßt sich das zunächst oft tragischerweise Versäumte noch jahrelang nachholen. Danach ist es für elterliches Bemühen um Gesundung meist zu spät. Wir sollten dieses Erfahrungswissen der Psychotherapie hellwach nutzen.

Gibt es Schulstreß?

Streß als ein physiologisches Anpassungs- und Adaptationssyndrom auf einen den Körper zur Anstrengung herausfordernden Stressor ist bekannt, seit Selye diesen Begriff prägte und das Phänomen Streß beschrieb. Daß Schulstreß im Grunde ein normales Phänomen ist, ja, daß er wünschenswert ist, seit wir durch Selye wissen, daß dauerhafte Abwesenheit jeglichen Stresses Tod bedeutet, kann uns zumindest dazu verhelfen, die Forderung, unsere Kinder von allem Leistungsdruck zu befreien, in das Feld der Ideologie zu verweisen. Im Gegenteil, so bestätigt die Streßforschung dem pädagogischen Wissen: Ein gesundes, phasenspezifisch angemessenes Maß an Leistungsforderung ist dem Menschen im allgemeinen und den Kindern im besonderen nicht nur nicht schädlich, sondern gesunderhaltend.

Die Frage unseres Themas ist damit zwar zunächst kurz und bündig beantwortbar: Ja, es gibt den Schulstreß, er ist eine normale und wünschenswerte Erscheinung. Und dennoch umfaßt diese Antwort noch nicht die moderne Problematik der Schulsituation heute. Die Frage müßte daher präziser lauten: Gibt es außer dem normalen Adaptationssyndrom, dem »Eustreß«, wie Selye ihn nennt, bei Schulkindern auch die Erscheinung des krankhaften Streßzustandes, den Selye als »Distreß« bezeichnet – jenen

Distreß, der eine Entgleisung der physiologischen Anpassungsleistung durch den unmäßigen Stressor Schule darstellt? Selye hat uns die Folgen des Distresses als sogenannte Adaptationskrankheiten beschrieben, wozu nicht nur der Rheumatismus und das Magengeschwür, sondern auch schwere Erschöpfungs- und Versagenszustände, sowie sehr allgemein psychische und psychosomatische Erkrankungen verschiedener Schweregrade zu rechnen sind.

Die Ausdehnung der Frage auf das Phänomen des Distresses ist daher zwingend und sollte differenziert so lauten: Gibt es Distreßerscheinungen, die durch die Art des Schulunterrichts hervorgerufen werden? Und wenn ja, haben sich diese Störungen in den vergangenen zehn Jahren vermehrt?

Dieser Frage soll auf dem Boden meiner Praxiserfahrung als analytische Kinder- und Jugendlichenpsychotherapeutin und der bisherigen Untersuchungsergebnisse in der Literatur unseres Fachbereiches nachgegangen werden.

Symptome eines Distresses als Folge eines überhöhten Angstpegels in Form von Nabelkoliken, Kopfschmerzen, Sehstörungen, Schwindel, Schulphobien, von Stupor und Konzentrationsstörungen, Depressionen und vorzeitiger Ermüdbarkeit – psychische und psychosomatische Erscheinungen, die durch die Schule ausgelöst werden und im Teufelskreis Schulmißerfolge chronifizieren – kennen wir zumindest seit analytische Kinder- und Jugendlichenpsychotherapeuten ihr Augenmerk auf Zusammenhänge dieser Art richten.

Geminderte Leistungsfähigkeit in der Schule auf Grund der oben beschriebenen Symptome ist seit dreißig Jahren eine nicht selten auftretende Erscheinung im Kindesalter. Ja, die Schule, oft schon das zweite und dritte Grundschuljahr, erwies sich in den vergangenen Jahrzehnten bereits als der entscheidende Anlaß zum Sichtbarwer-

den einer psychischen und physischen Instabilität des Kindes.
Dabei sind wir auf ein Gefüge von Variablen gestoßen. In den seltensten Fällen war zwischen 1950 und 1970 eine unangemessene, pädagogisch ungeschickte oder unzutreffende Methodik und Didaktik von Pädagogen allein die Ursache von Distreß. Die Unangemessenheit wirkte vielmehr auf diejenigen Kinder angstverstörend, die aus vielerlei Gründen eine verstärkte Angstbereitschaft bereits mit in die Schule brachten.
Einen Löwenanteil der Kinder, die mit Nabelkoliken, Ängsten, Stupor bei Klassenarbeiten, Kopfschmerzen und Magenbeschwerden auf die schulische Situation reagierten, machten in der damaligen Szenerie zwischen 1950 und 1970 meiner Erfahrung nach keineswegs die schwachbegabten Kinder aus, sondern vor allem die sensiblen, häufig die Einzelkinder und die Ältesten einer Geschwisterschar; dazu die Kinder aus Elternhäusern mit einem hohen Leistungsanspruch, die vielleicht auch angeborenermaßen unsichereren, die mit dem extrem verletzlichen Selbstwertgefühl, die ehrgeizigen. Lärmenden Zusammenbruch erlebte man als Behandelnder öfter bei den ganz Fleißigen als bei den ganz Faulen. Bei den Klassenbesten kam es leichter zu einem Erschöpfungszusammenbruch im Sinne Selyes als bei Sonderschülern oder jenen Hauptschülern ohne jeglichen Schulerfolg. Die Beobachtungen beweisen einmal mehr die Richtigkeit der Hypothese Selyes, daß als Streßfaktoren keineswegs nur reale Gefahren wirksam werden können, sondern auch als vom Individuum subjektiv unterschiedlich erlebte, von dem einen als existenzbedrohlich, von dem anderen als ungewichtig erfahrene Gegebenheiten.
Die typischen Dauerleistungsversager hingegen, jene Kinder, die von Anfang an schlechte Schüler waren, die in die Sonderschulen abwanderten oder erfolglose Hauptschüler blieben, reagierten – so jedenfalls zeigt es meine

Kartei – wesentlich seltener mit den typischen Distreßsymptomen, weniger mit psychosomatischen Erscheinungen als Folge eines erhöhten Angstpegels.
Bei vielen dieser Kinder hatte sich nämlich längst, oft bevor sie in die Schule eintraten, als ein genereller Abwehrmechanismus gegen ein Unmaß von Ängstigungen eine chronische Erhöhung der Streßschwelle ausgebildet, so daß sich daraus eine allgemeine Gleichgültigkeit, eine generelle stumpfe Unaufmerksamkeit – der Volksmund würde sagen »ein dickes Fell« – entwickelt hatte.
In den vergangenen zwanzig Jahren waren diese »dickfelligen« Kinder mehr in einer Umweltatmosphäre zu suchen, in der gezielte, angespannte Leistungserwartungen an sie von Anbeginn an nicht gestellt wurden. Am sichtbarsten erschien das Nebeneinander von schulfleißigen, distreßfähigen und schulfaulen Kindern bei jenen heute kaum noch in Erscheinung tretenden kinderreichen Familien, in denen die geballte Leistungserwartung der Eltern auf die Ältesten gerichtet und dort auch verpufft war, so daß sich mit dem Unbekümmerter- und Nachlässigerwerden bei den weiteren Kindern eine typische Verringerung der Streßbereitschaft auszubilden pflegte.
Ein Akademikerehepaar, dessen ältesten Sohn ich im Grundschulalter wegen Nabelkoliken erfolgreich betreut hatte und der den Numerus clausus zum Medizinstudium mit einem Schnitt von 1,1 brach, schickte mir vor kurzem seinen siebten und jüngsten, neunjährigen Sohn, der in der Schule total versagte. Er äußerte in der ersten Vorstellung mit jener Altklugheit, die den Kindern heute häufig eigen ist: »Frau Meves, was soll ich machen – die Intelligenz meiner Eltern haben meine Geschwister doch längst verbraucht.«
Die Ältesten zeigen also häufig die höchste Leistungsmotivation, aber auch die höchste Anfälligkeit für Distreß, die Jüngsten hingegen jene pomadige Gleichgültigkeit mit einer stabilen Einschlaf- und Durchschlaffähigkeit und ei-

nem behäbigen Gewissen, das sich von einer Kette von schlechten Schulnoten nicht im mindesten beeindrucken läßt.

Es ist ein typisches wie aufschlußreiches Phänomen, daß sich diese Situation in den vergangenen zehn Jahren in ebenso interessanter wie besorgniserregender Weise geändert hat.

Als erstes: Die Zahl der Kinder und Jugendlichen, die von ihren Eltern wegen Schul- und Lernstörungen in der Sprechstunde des Kinderpsychotherapeuten vorgestellt werden, ist außerordentlich stark gestiegen. Objektive Meßwerte sind freilich schwer zu erlangen. Nissen (Berlin) spricht auf dem Boden von Auszählungen in kinderpsychiatrischen Ambulanzen und Polikliniken von einer Zunahme um das »etwa Acht- bis Zehnfache innerhalb der letzten zehn Jahre«. Dies muß dennoch ein Schätzwert bleiben, zumal auch schulpsychologische Dienste, Familien- und Erziehungsberatungsstellen, Allgemeinmediziner, Nachhilfelehrer, Kinderärzte und Psychagogen die besorgten Familien auffangen – keineswegs alle auffangen, so sagen mir die unzählbaren Briefe verzweifelter Eltern aus allen Teilen der Bundesrepublik. Viele haben vergeblich Hilfe gesucht, viele haben ein neues, zum Teil auch berechtigtes Mißtrauen gegen die eher Schaden anrichtenden als helfenden Untersuchungen, wie es in den Briefen unbekannter Eltern und Jugendlicher heißt. Der Annahme Nissens, daß die enorme Steigerung der Zahl von Kindern, die wegen Schulschwierigkeiten vorgestellt werden, auch und zusätzlich eine Folge der »Aufgeklärtheit der Eltern ist, die eine Intelligenz- und Begabungsschwäche ihres Kindes nicht mehr fatalistisch und resignierend hinnehmen«, steht auf der Waagschale der subjektiven Abstriche die unermeßlich große Zahl von Eltern gegenüber, die trotz der brennenden Schulnöte ihrer Kinder hilflos resignieren und von unseren Messungen überhaupt nicht erfaßt werden.

Gewiß ist deshalb also die Vermutung berechtigt, daß die Zahl der Kinder mit Schulschwierigkeiten erheblich zugenommen hat.
Es zeigt sich in der Praxis auch, daß – interessanterweise schichtenunspezifisch – die Schüler mit echten Distreßsymptomen ebenso zugenommen haben wie diejenigen mit einer angstlosen Leistungsgleichgültigkeit, gegen die Eltern, Pädagogen und Nachhilfelehrer machtlos bleiben. Diese fallen nicht eigentlich unter das Thema Streß. Sie bilden die heute sehr große Gruppe von Schülern, die ihre Leistungsschwäche bereits vor der Schulzeit erworben haben. Ein Großteil derer, die heute ohne Hauptschulabschluß die Schule verlassen, zählt zu ihnen, aber auch schon die Intelligenteren auf Realschulen, Gymnasien und Gesamtschulen. Es sind jene Kinder, die schon im Vorschulalter an ihrem Unvermögen, kreativ, konstruktiv und anhaltend zu spielen, deutlich werden ließen, daß ihr Schulversagen nicht durch den Stressor Schule bedingt ist. Die Zahl dieser spielunfähigen Kleinkinder, die später zu Schulversagern wurden, ist in den letzten zehn Jahren sprunghaft angestiegen – ein deutlicher Beweis für meine These, daß die durch Mutterferne und Inkonstanz der ersten Bezugspersonen hervorgerufenen Störungen Legion werden würden. Diese Kinder bringen zumeist längst jene unbeeindruckbare Gleichgültigkeit als Folge von Resignation, als Folge einer frühkindlichen Distreßreaktion, einer verfestigten »Erschöpfung« – um in Selye'scher Terminologie zu sprechen – mit in die Schule. Sie sind taub gegen das, was die Eltern nun plötzlich mit ihnen vorhaben, taub gegen das, was die Lehrer von ihnen fordern. Aber – o gesunder Abwehrmechanismus – sie sind auch nicht mehr im Sinne des Distreß durch Schulforderungen verstörbar. Dies ist die Kategorie der Fettsüchtigen, der nägelbeißenden Bettnässer, der kleinen Diebe – summa summarum: das Heer der neurotisch Depressiven. Auf ihre reaktiv herabgesetzte Fähigkeit zum Interesse, zur angestrengten

Aufmerksamkeit, zum Durchhalten hat sich das Gesamtleistungsniveau unserer Schulen übrigens längst einstellen müssen. Es ist allgemein, am meisten aber in den Hauptschulen so sehr gesunken, daß die Zahl der Schreib- und Leseunfähigen, die nach acht- bis zehnjährigem Besuch erfolglos unsere Hauptschulen verlassen, fortwährend im Steigen begriffen ist.

Wie gesagt, diese Kinder, die zu großen Teilen auch bereits Fachleuten vorgestellt werden, fallen im strengen Sinne nicht unter die Kategorie Schulstreß, obgleich die Schulforderungen trotz ihres gesunkenen geistigen Niveaus für die geringe Leistungsmotivierbarkeit dieser Schüler immer noch zu hoch sind.

Dennoch nimmt auch die Zahl der Kinder mit echtem Schülerdistreß aufgrund einer veränderten Situation in den letzten zehn Jahren fortgesetzt zu. Aber zunächst muß zu den in den schriftlichen Arbeiten versagenden, den mit Stupor auf Prüfungen reagierenden, den körperlich krank werdenden Schülern differenzierend gesagt werden: Ein Großteil von ihnen wird krank, weil man auf dem Boden der Überbewertung höherer Bildungsgänge für alle, die man im Zuge der Gleichheitsideologie, der Schulreformen à la Picht erwirkte (dreißig bis vierzig Prozent der Kinder sollten das Abitur machen), die Eltern in eine hektische Bemühung um dieses hohe Klassenziel für möglichst viele geradezu hineinnötigt. Die Fehlvorstellung, daß jeder Mensch durch entsprechendes Training »begabbar« sei, daß mit angeborenen Begabungsunterschieden die moderne Schule nicht zu rechnen habe, jene schlimme Ideologie, die davon ausgeht, daß der Mensch ohne Begabungsunterschiede zur Welt komme, der Mensch den Menschen mache und ihn so früh wie möglich zum Wissenschaftler hochzutrimmen habe, diese ideologische Bemächtigung unserer staatlichen Pädagogik hat die Eltern zu fieberhaft Pressierenden gemacht, wie es früher nur bei einzelnen, Ehrgeizig-Zwanghaften der Fall war. Ein falsches Prestige, eine Überbewertung der theoretischen Intelligenz, eine Abwertung der praktischen und sozialen Intelligenz bildete sich aus. Damit werden Elternhaus und Schule zu Stressoren allererster Ordnung vor allem für diejenigen Kinder, deren spezielle Begabung dem Weg der sogenannten höheren Schulbildung widerspricht. Der Prozentsatz der Abiturienten hat sich in den letzten zehn Jahren von ein bis drei Prozent in den Großstädten der Bundesrepublik Deutschland auf ca. zehn bis zwanzig Prozent, in manchen Stadtbezirken Berlins gar auf dreißig bis vierzig Prozent gesteigert.

Der Anteil der theoretisch Begabten ist aber im Grunde wesentlich geringer als der der praktisch Begabten. Der falsche Schultyp wird für viele leistungswillige Schüler zu einem Stressor höchster Potenz, der ihnen Unrecht tut, statt ihnen Gerechtigkeit widerfahren zu lassen.

Aber auch für manche Schüler, für die das Bildungsziel Abitur und Studium angebracht wäre, wird die Schule dennoch zu einem Streßfaktor, weil man in unzulässiger, dem Niveau der Schüler nicht gerecht werdender Weise die Lehrpläne und die Schulbücher vertheoretisiert und verwissenschaftlicht hat. So wird schließlich selbst für die theoretisch Begabten die Schule zur ängstigenden Überforderung, weil sie gerade diejenigen Schüler trifft, die noch mit einer guten Leistungsfähigkeit und einer gesunden Leistungsmotivation ausgestattet sind. Wenn in einem Mathematikschulbuch für die 7. Klasse zu lesen steht: »Eine Relation heißt eine Ordnungsrelation, wenn sie reflexiv, isosymmetrisch und transitiv ist«, so ist das nicht ein bedauerlicher Ausrutscher der Schulbuchautoren, sondern das typische Beispiel einer allgemeinen Tendenz in unseren Schulbüchern. Sie ist deshalb so mißlich, weil mit dem Hebel geschwollener Unverständlichkeit – sprich sogenannter wissenschaftlicher Ausdrucksweise – bei jenen Kindern der Stressor angesetzt wird, die im Grunde das Zeug dazu hätten, dereinst mit den Pfunden ihrer auch

theoretischen Intelligenz wuchern zu können, die man aber viel zu früh damit traktiert. Diese Kinder durch unangemessene Angebote in die Erschöpfung gestreßter Überforderung zu treiben, ist besonders unverantwortlich.
Im Umfeld der Ideologisierung der Pädagogik sind in den vergangenen zehn Jahren aber leider noch weitere gefährliche Stressoren künstlich geschaffen worden. Ich möchte nur summarisch zwei wesentliche nennen:

1. Die Anonymisierung des Schulbetriebs durch großangelegte Vermassung bedeutet eine Erhöhung der Anfälligkeit für den Distreß. Unbekanntheit, unbekannte Masse, unbekannte Räume, unbekannte Autoritäten ängstigen generell. Unbekanntheit zu generalisieren, wie es durch die Vielzahl der Lehrer und Räume, die Auflösung der Klassengemeinschaften geschieht, bedeutet Chronifizierung von Streßfaktoren, der mit der Anstrengungserhöhung durch immer längere Schulwege per Schulbus etc. die Krone aufgesetzt wird. Freilich, der Stumpfe hält einer solchen Barbarei stand. Das ist aber gleichzeitig auch immer der mit der geringeren Einsatz- und Entfaltungsfähigkeit.
2. Dieser Trend setzt einen Großteil noch streßbarer Schüler zunächst in einen Alarmzustand des Körpers, der als erhöhte Nervosität, Reizbarkeit, Aggressivität und motorische Unruhe sichtbar wird. Danach folgt heute meiner Beobachtung nach mehr oder weniger rasch die Stufe des Widerstandes. Bei jüngeren Kindern zeigt er sich häufig als Tendenz zur Verlangsamung, zum Träumen, als unbewußter Leistungswiderstand per Abwehrmechanismus. Aber spätestens im Jugendalter werden viele Schüler heute über Schulbücher und Junglehrer in einen umfunktionierten Widerstand gegen die bestehende Gesellschaft abgeholt. Die dritte Phase des Distresses, die Erschöpfung, wird durch einen neuen ungewöhnlichen Abwehrmecha-

nismus verhindert, den der Jugendliche in seiner Not nur allzu willig als den rettenden Strohhalm ergreift: den Abwehrmechanismus der Verweigerung, die Umfunktionierung des Angstsyndroms zur direkten Angriffsbereitschaft. Der Kampf gilt nun den Ausbeutern, den Kapitalisten, den Etablierten, den Eltern, denen man laut niedersächsischem Schulbuch »in die Fresse zu rotzen hat, wenn sie um die Ecke glotzen«. Daß ein unterwandertes Schulwesen damit manche Jugendliche direkt in die Fänge der Unterwanderer treibt, ist häufig weder den einem Distreß ausweichenden, verführten Schülern noch den agierenden Ministerien klar.

Wie können wir diesem unverantwortbaren Kräfteverschleiß begegnen? Wir brauchen eine aktive Konterrevolution mit echt fortschrittlichen Erziehungsprogrammen, die den Kindern gerecht werden, um unserer zerstörerischen Schulpädagogik entgegenzuwirken. Wir Erwachsenen benötigen die Bereitschaft zum gesunden Streß, um uns von dem großen Ausmaß der Gefährdung unserer Jugend alarmieren zu lassen und geschlossen in den Widerstand zu gehen. Allein das wird uns helfen, daß unsere freie Demokratie nicht am notvollen Leistungsboykott einer unangemessen behandelten, destruktiv gewordenen jungen Generation zugrunde geht.

Fernsehkonsum behindert die seelisch-geistige Entfaltung

Mit Recht klagen die Lehrer heute darüber, daß unter den Schulkindern geistige und seelische Stumpfheit zunimmt. Eine wachsende Schar kann immer weniger zuhören, immer weniger genau beobachten und Zusammenhänge erfassen. Ein merkwürdiger Seelenverlust, Verlust an genereller Sensibilität zeichnet sich immer mehr ab, zunehmend auch in der älteren Generation. Mit dieser Einbuße gekoppelt ist eine Minderung der intellektuellen Leistungsfähigkeit einerseits und ein Absinken der Erlebnisfähigkeit andererseits. Was für eine bedenkliche Zeiterscheinung: Trotz des so vielfältig gesteigerten Lernangebots, trotz der soviel größeren Möglichkeit zum Erleben in unserem flexibel gewordenen Leben verliert der Mensch seine seelische Ansprechbarkeit. Das hat auch eine Einschränkung der Erziehung zum Glauben zur Folge: Nicht mehr weckbares Gefühl bedeutet generell einen Abbau der emotionalen Antennen.

Es ist nötig, die Gefahr einer solchen allgemeinen neuen »Beschränktheit« zu erkennen, nach ihren Ursachen zu fragen und in der Erziehung nach Wegen zu suchen, einer Wertminderung des Menschen entgegenzuwirken.

Sensibilität oder ihr Fehlen ist nicht nur (wenn gewiß auch) eine Sache des Erbguts. So läßt sich in der Praxis die Erfahrung machen: Älteste Kinder, die von ihrer Mutter liebevoll ersehnt und gepflegt werden, sind meist sensibler, introvertierter und auch leistungsfähiger in der Schule. Auch Einzelkinder, die in sehr bemühter, individueller Betreuung gestanden haben, zeigen häufig mehr Seelenantennen als andere – freilich nur, wenn die Eltern das Einzelkinddasein nicht durch zu frühe Kollektivierung zu kompensieren suchten.

Sensibilität steigert sich also unter bestimmten Umweltbedingungen, schwächt sich unter anderen ab. Ein Kind, dem hellhörig viel Antwort auf sein Sein gegeben worden ist, ein Kind, das die Menschen seiner Umwelt in seinen echten Bedürfnissen zu erfassen suchte, lernt die Fähigkeit beobachtend zu erfassen und zu antworten schneller und besser. Es kann diesen bereits im ersten Lebensjahr beginnenden Prozeß der Sensibilisierung um so mehr weiter entwickeln, je mehr man ihm in der Kindheit in konstanter Umwelt Ruhe, Zeit und Spielraum gegeben hat, seine Phantasie zu entfalten und in pfleglichen Schritten die nähere Umwelt zu durchdringen und zu erfassen. Diese Fähigkeit läßt sich durch die Schulzeit hindurch aber nur erhalten, wenn man sich als Erzieher müht, das Angebot der Eindrücke richtig zu dosieren und dem Sensorium des jungen Menschen anzupassen. Massenschulbetrieb, Gewöhnung an schrille Berieselungstöne aus dem Transistor können auch schon entfaltete Sensibilität zum Schrumpfen bringen. Aber die größte Gefahr im Hinblick auf die seelische Entfaltung des Kindes stellt der zu große Fernsehkonsum dar.

Wird das geistige Intimleben der Familie der massiven Konkurrenz des Fernsehens in den zivilisierten Gesellschaften standhalten können? Das ist die bange Frage, die sich zumindest verantwortungsbewußte Pädagogen in den letzten Jahren immer häufiger gestellt haben. Die Konkurrenz des Fernsehens zur geistigen Gemeinsamkeit der modernen Familie muß als gravierend eingeschätzt werden. Der Fernsehkonsum füllt seit etwa fünfzehn Jahren einen erheblichen Teil der Freizeitbeschäftigung vieler Bürger der zivilisierten Welt – der Kinder, der Jugendlichen wie der Erwachsenen – aus. Mit zunehmendem Fernsehkonsum sinkt das Ausmaß der Zeit, in der Familienmitglieder sich miteinander beschäftigen, ab.

In einer amerikanischen Untersuchung wurde folgende Frage gestellt: »Magst du deinen Vater oder das Fernsehen lieber?« Resultat: 44 % von insgesamt 156 befragten Vorschulkindern entschieden sich für den Fernsehapparat – eine traurige Bilanz, die uns nachdenklich stimmen sollte hinsichtlich der Frage, welchen Stellenwert der Bildschirm im Leben unserer Kinder einnimmt. Immerhin liegt das Fernsehen – laut Statistik – bei der Freizeitbeschäftigung von Kindern zwischen dem 6. bis 14. Lebensjahr mit 64 % an erster Stelle.

Es leuchtet ein, daß der Fernsehapparat heute nicht mehr aus unserem Leben zu verbannen ist; es ist auch unbestritten, daß er mancherlei Vorzüge bietet; doch sind vom entwicklungspsychologischen Standpunkt her die negativen Auswirkungen auf die Kinder nicht zu übersehen. Deshalb ist es für Eltern notwendig, sich diese schädigenden Folgen deutlich ins Bewußtsein zu rufen, um ihre Kinder zu einem maßvollen Konsum anleiten zu können und den sich daraus ergebenden Auseinandersetzungen gewachsen zu sein.

Eine wesentliche Auswirkung des Fernsehens ist – wie die obige Untersuchung andeutet –, daß der für die Entwicklung wichtige Kontakt zwischen Eltern und Kindern erheblich eingeschränkt wird. Der Fernsehapparat bekommt häufig die Aufgabe eines Babysitters, die er aber nur in unzureichender Weise erfüllt. Das Kind hat nicht die Möglichkeit, die gesehenen Fernsehinhalte durch ein Gespräch mit den Eltern – wie etwa beim Märchenvorlesen – zu bewältigen; viele wahrgenommene Inhalte bleiben als ungelöste Probleme und beunruhigende, dem Kind oft selbst nicht bewuße Fragen bestehen und können

plötzlich das Auftreten von Störungen seelischer oder körperlicher Art bewirken, die den Eltern völlig unerklärlich bleiben.
Während beim gemeinsamen Gespräch mit den Eltern vom Kind Aktivität geleistet werden muß, schränkt die passive Beschäftigungsweise des Fernsehens die Eigeninitiative und Vorstellungswelt des Kindes ein, schöpferische Impulse werden gelähmt. So wird einer geistigen Passivität, einem Mangel an geistiger Neugier und Regsamkeit Vorschub geleistet, die doch ein wesentliches Ziel der Erziehung sein sollten.
Der negative Einfluß eines täglichen unmäßigen Fernsehkonsums von Kindern durch ihre Kindheit hindurch auf die geistig-seelische Entfaltung muß als erwiesen angesehen werden. Das Überangebot optischer Reize, die Überforderung des unausgereiften kindlichen Gehirns durch die rasche Abfolge der Bilder, die negative Stimulation der Aggressivität durch aggressive Bildinhalte, die Überdosis an einer bewegungsarmen Lebensform in einem Alter, in dem die kognitive Funktion durch die motorische Mithilfe der gesamten Physis in Gang gebracht werden muß, d.h. das viel zu viele Hocken vor dem Fernsehschirm im Vorschulalter – dies alles sind entwicklungsbehindernde Faktoren. Geistträgheit, Interessenlosigkeit, stumpfe Gleichgültigkeit, Einschränkung der seelischen Sensibilität, Schlafstörungen, verringerte Möglichkeit zur schulischen Konzentration, motorische Unruhe und Steigerung einer latenten Aggressivität sind die Folgen und setzen unzählige Teufelskreise in Gang. Nach Stückrath und Schottmeyer ist die negative Auswirkung auf die schulische Leistungsfähigkeit eklatant. Der dümmste Sonderschüler sieht am meisten, der klügste Oberschüler am wenigsten fern.
Es ist unschwer, zu einer bedrängenden Schlußfolgerung zu kommen: In dem Maße wie das Fernsehen das Hauptpotential der Freizeitbeschäftigung bei jungen Menschen

ist, in dem Maße führt es zu einem mächtigen seelisch-geistigen Substanzverlust, einer Einbuße an geistiger und auch an schöpferischer Leistungsfähigkeit. Vor allem aber: es wird zu einer neuen, von unserer nach Gerechtigkeit strebenden Gesellschaft wenig begrüßenswerten Unterschiedlichkeit im geistigen Niveau der jungen Generation kommen. Die Schere der geistigen Leistungsfähigkeit und einer differenzierten seelischen Ausreifung zwischen den überragenden fernsehlosen Jugendlichen aus fernsehresistenten Familien und den zusätzlich und irreversibel durch Fernsehkonsum stumpf, passiv und unsoziiert gemachten wird immer mehr auseinanderklaffen und eine kleine, leistungspotente, aber heute besonders beneidete Oberschicht provozieren, wird Hierarchie provozieren in einem Ausmaß, wie es bei dem Bemühen um Aufhilfe der Schwachen wenig wünschenswert sein kann.

Wenn wir dem Überhandnehmen einer solchen fragwürdigen Entwicklung begegnen wollen, sollten wir uns bemühen, daran mitzuwirken, daß in den Familien mehr aktiver Widerstand gegen den stumpfen Fernsehkonsum, mehr Bemühung um ein integeres Familienleben entsteht. Ich habe in meiner psychagogischen Praxis folgende Erfahrung gemacht: Die erste Voraussetzung zu einem fernsehresistenten Familienleben beginnt nicht erst im Schulalter der Kinder, sie liegt vielmehr bereits in der angemessenen Pflege des Säuglings durch die Eltern. Deshalb haben diejenigen Eltern mit hoher Wahrscheinlichkeit später ruhige, interessierte, gesprächsbereite, echt gemeinschaftsfähige, lesefreudige Schulkinder, bei denen die Mutter nicht zu arbeiten brauchte, bei denen in der ersten Lebenszeit eine möglichst ruhige, möglichst wenig wechselnde Umwelt geschaffen wurde, in der dem Kind – zunächst über den Kontakt zu den nächsten Familienangehörigen – der Weg in die Welt vorgebahnt wurde. Sozialisation des Kleinkindes ist ohne personale Präsenz nicht möglich, so sagen uns einhellig alle internationalen Forschungsergebnisse. Die Einübung und Vorbahnung sozialer Fähigkeiten muß ebenfalls durch die gesamte Kleinkindzeit hindurch erfolgen. Auf sie muß heute ganz besonders viel Wert gelegt werden, weil unsere Kinder durch die Technisierung unseres Lebens häufig zu früh in eine Lebenserleichterung getrieben werden, die für sie Lebensschwächung bedeutet, da sie durch Verwöhnung in ihrer Aktivität generell blockiert werden. Bequemes Leben, angefangen von der Breinahrung über das technisierte Spielzeug bis hin zum Fernsehen, schadet unseren Kindern. Sie erleben die Aufforderung, sich um den Nebenmenschen zu bemühen, dann später sehr rasch als Überforderung und reagieren mit Abwehr und Rückzug. Eltern sollten mit ihren Sprößlingen bereits vom frühesten Kindesalter ab spielen, sie sollten ihre Kinder auch früh mit wenigem, möglichst ungeformtem, den Gestaltungswillen herausforderndem Spielmaterial umgeben. Die Elemente (Erde, Wasser, Ton, Holz) sind dem Kleinkind viel angemessener als die vorgeformten, geistlos hergestellten Machwerke, die heute als Spielzeug angeboten werden. Wer die Phantasie des Kindes tötet, statt sie anzuregen, hat wenig Aussicht, das Kind vor dem passiven Fernsehkonsum zu bewahren und statt dessen Interesse für Menschen zu entwickeln. Dazu ist es gar nicht nötig, daß wir das Kind immer zum direkten Zielpunkt unseres Handelns machen, sondern vielmehr, daß wir unsere Seelenantennen dauernd in Betrieb halten und die Kinder als Bezugspersonen mit hineinnehmen in unser Sein. Das Gespür für dieses Grundgesetz in der Erziehung ist uns fast vollständig abhanden gekommen. Wir wollen immer etwas »trainieren«, etwas erreichen. Wir haben immer und viel zu rasch ein theoretisches Konzept zur Verbesserung parat, in das die Kinder auf Biegen oder Brechen – und gerade sie – einbezogen werden. Wir geraten nur allzu leicht halsbrecherisch in die Versuchung, die Kinder nach unserem eigenen Bild »machen« zu wollen, oder wir versuchen, sie gar in unser Leben so einzubauen und zu organisieren, daß sie unseren dominanten Eigeninteressen und Bequemlichkeiten nicht zu aufdringlich im Wege stehen. Die mäßigen Ergebnisse oder auch die oft totalen Mißerfolge bei solchen Methoden wollen uns lehren, daß wir mit ihnen auf dem Holzwege sind. Kinder brauchen Gärtner, deren Liebe zu ihren »Pflanzen« sich darin ausdrückt, daß für sie Raum ist in ihrem Herzen, ihren Augen, ihren Ohren, ihren Gedanken und in ihrem Tun.

Über diese grundsätzlichen und grundlegenden Voraussetzungen hinaus kann die Familie auch im Grundschulalter der Kinder sehr daran mitwirken, daß ihr Lebensschicksal sich positiv gestaltet.

Wenn die Grundbedingungen für die Entwicklung einer gesunden Spielfähigkeit erfüllt sind, können die Eltern durch eine aufmerksame Einstellung gegenüber den Spielen ihrer Kinder weiterhin Förderliches tun. Deshalb sollten unsere Kinder als Gegengift gegen das Fernsehen und als Vorübung für das Leben im Erwachsenenalter in ihrer Freizeit soviel wie möglich mit ihren Eltern spielen; denn das Einhalten der Spielregeln gibt ihnen die Gelegenheit, die Steuerung der eigenen machtgierigen Triebimpulse durch die Einbindung in die allgemeinverbindliche Übereinkunft Spielregel so vorzubereiten, daß das Leben erfolgreicher gelebt werden kann. Die Kinder lernen, daß das Leben unangenehmer wird, wenn man die Spielregel mißachtet und unter die »Gürtellinie« schlägt. Sie erleben, daß man ins »out« gesetzt wird, wenn man mogelt. Und sie stellen fest, daß man ein besseres Gefühl hat, wenn man als fairer Spieler einen Mißerfolg hat, daß man aber ein schlechtes Gefühl hat, wenn der Erfolg auf dem Boden von Mogeln und Übervorteilung entstanden ist. Ein fairer Verlierer zu sein, dazu wird der Mensch nicht geboren, dazu muß er durch Spiele mit festen Spielregeln allmählich erzogen werden.

Es ist ein großer Gewinn, wenn ein junger Mensch in sein

Erwachsenenleben geht, nachdem er an den Spielen seiner Kindheit auch gelernt hat, den Mißerfolg mit Gelassenheit zu ertragen.

Ebenso effektiv als rechtzeitige Prophylaxe kann die Bemühung der Eltern um die Ausbildung einer spezifischen Begabung sein. Und auch die Weckung des Leseinteresses vom Vorschulalter ab, sowie gemeinsames Lesen und Vorlesen in der Familie können für die seelisch-geistige Entfaltung der Kinder förderlich sein.

Das alles läßt sich heute aber nur noch in einer Familie erreichen, die die entschlossene Willenskraft besitzt, den Fernsehapparat nicht zum Haustyrannen, zum Beherrscher des Familienlebens werden zu lassen. Das Fernsehen ist generell der Feind des kindlichen Leseinteresses – nicht nur weil es durch den Anreiz der rasch wechselnden Bilderfolgen den Leseanreiz totschlägt, nicht nur weil es auf die Dauer die schöpferische Phantasie und Aktivität lähmt, sondern auch ganz banal, weil es durch seine Geräuschkulisse dominiert. Die Familie heute hat hier große und verantwortungsschwere Aufgaben, indem sie durch vorbeugende Anregungen und vor allem durch Selbstdisziplin zu verhindern suchen sollte, daß die Kinder ihres Umkreises stumpf fernsehsüchtig werden. Kinder müssen durch eine lustvollere, eine wertvollere Freizeitgestaltung vom Fernsehapparat geradezu weggelockt werden. Der Anstoß zu konstruktiven Tätigkeiten ist die entscheidende Voraussetzung dafür, die Gefahr zu bannen und den Gemeinschaftsgeist erfolgreich als Gegengewicht zu stärken.

Wie aus den vorher dargelegten Gründen hervorgeht, ist es aber auch dringend nötig, den Kindern beim Erlernen eines *maßvollen* Fernsehkonsums zu helfen. Wichtig bei diesem Vorgehen ist, den Kindern zu erklären, daß die Fernsehbeschränkung und gezielte Programmauswahl aus Verantwortung für sie geschehen und eine Verwöhnung mit der Konsumware Fernsehen unglücklich macht wie jede andere Form der Verwöhnung auch und man sie vor den schädlichen Folgen bewahren möchte. Man darf jedoch nicht damit rechnen, mit dieser Argumentation sofort auf Verständnis bei den Sprößlingen zu stoßen: Nörgeln, Widerwillen, Beschimpfungen und Auseinandersetzungen werden sich nicht immer vermeiden lassen. Aber es ist unsere Pflicht als verantwortungsbewußte Erzieher, den Kindern an dieser Stelle Grenzen zu setzen, die sie sich selber zu setzen noch nicht in der Lage sind, für die sie aber eines Tages dankbar sein werden. Wir sollten uns unserer energisch und konsequent vertretenen Begrenzungen nicht schämen, wenn wir sie den Kindern erklären. Die von den Kindern häufig als Argument angeführte Benachteiligung, in der Schule oder unter Freunden nicht mitreden zu können, wenn man den einen oder anderen Film nicht gesehen habe, ist gewiß geringer als die Nachteile, die sich aus starkem Fernsehkonsum ergeben.

Abgesehen von der gezielten Programmauswahl sollten die Familienmitglieder sich vor allem auch darum bemühen, das Kind vor dem Fernsehapparat nicht allein zu lassen, sondern sich die Zeit zu nehmen – auch wenn es unbequem ist – zusammen mit dem Kind die ausgewählte Sendung anzuschauen und so letztlich doch eine aktive, entwicklungsfördernde Gemeinsamkeit zu pflegen. Wir sollten es außerdem vermeiden, mehrere Sendungen nacheinander ansehen zu lassen, auch wenn die Kinder uns dies abringen wollen; sie sind – ohne es selbst beurteilen zu können – damit überfordert. Abends vor dem Schlafengehen müssen grundsätzlich andere Beschäftigungsformen gewählt werden, da die Reizüberflutung durch das Fernsehen noch wesentlich länger auf das kindliche Gehirn einwirkt und damit das Einschlafen und Durchschlafen stört.

Als letzter, aber wichtiger Punkt soll eine Mahnung an die Erziehenden stehen. Die Eltern sind diejenigen Personen, die am konkretesten Vorbildfunktion für ihre Kinder besitzen. Deshalb sollten sie aus Liebe zu ihnen bereit sein, ihren eigenen Fernsehkonsum ebenfalls zu beschränken (dies tut den Erwachsenen sicher ebenso gut wie den Kindern), um so die Möglichkeit und Notwendigkeit des Konsumverzichts glaubhaft vorzuleben. Gleichzeitig ergibt sich dadurch viel Zeit, die der gemeinsamen Beschäftigung zugute kommt und so die Beziehung zwischen Eltern und Kindern fördern kann. Ein wirksames und sehr einfaches Hilfsmittel ist es auch, den Fernsehapparat aus dem Zentrum des gemeinsamen Lebens, meist dem Wohnzimmer, zu verbannen, damit er nicht die Familienatmosphäre zu beherrschen beginnt und sogar noch bei den gemeinsamen Mahlzeiten – häufig dem einzigen Zeitpunkt, zu dem die ganze Familie vollständig versammelt ist – die Kontaktmöglichkeiten stört.

Eltern und Kinder, die sich zu gemeinsamer Freizeit versammeln, zum Vorlesen und Diskutieren, zum Still-miteinander-Sein und Jeder-für-sich-Lesen, verbindet die beiden so wichtigen Lebenspole: seelische Geborgenheit und geistige Aktivität, die, miteinander legiert, in der Lage sind, auf ein glückliches, erfüllendes Erwachsenenleben vorzubereiten und dem träge machenden Fernsehkonsum Widerstand entgegenzusetzen.

Pfarrers Kinder – Müllers Vieh ...

»Pfarrers Kinder, Müllers Vieh geraten selten – oder nie«. Was ist das für ein böse spöttelnder Satz, der im Volksmund bis heute lebendig ist! Ja, angesichts einiger Pastorentöchter unter den Terroristen wurde er sogar jüngst von manchen Publikationsorganen mit hämischem Schenkelklatschen hochgespielt! »Bitte schön, da seht Ihr doch, wie unbekömmlich Glaubensleben in deutschen Pfarrhäusern für Kinderseelen ist!«
Haben sie recht? Nun, eine bestätigende Statistik wird sich vermutlich darüber nicht aufmachen lassen, zumal wenn man bedenkt, wie viele der bedeutendsten Männer der vergangenen zwei Jahrhunderte aus protestantischen Pfarrhäusern hervorgegangen sind und wie viele tüchtige Menschen auch heute aus den häufig noch kinderreichen Pfarrhäusern kommen. Aber es gibt unter den Pfarrers-Eltern in Deutschland wirklich einige, die mit ihren aufmüpfigen oder gar »ausgeflippten« Jugendlichen schwere Sorgen haben. Nicht nur – wie es auf den Pfarrfrauentagungen immer so deutlich wird –, daß sie Sorgen um die exzessive Glaubenslosigkeit ihrer heranwachsenden Kinder haben (das ist *das* typische Pubertätsproblem der Pfarrerskinder: Sie müssen eben los von ihrem Rom, wenn sie je eine eigene geistliche Position aufbauen wollen), nein, darüber hinaus gibt es dies alles erstaunlich häufig: das

Schuleschwänzen und Mopsen, das Hineingeraten in schlechte Gesellschaft, die marxistische Indoktrinierung, das Kurven am Abgrund zwischen Suicid, Psychose und Kriminalität – und das bei guten Erstansätzen, bei einer oft überdurchschnittlichen Intelligenz, wie die Tests erweisen, wenn man sie nachprüft. Und es sind auch nicht ungewöhnlich schicksalsbeladene Elternhäuser, sondern oft die ganz besonders bemühten und pflichttreuen, die tragischerweise in solche bedrückenden Nöte mit ihren Kindern geraten.
Aber wenn man bei den Untersuchungen genau hinschaut, so ergibt sich meist ein plausibler Grund für diese tragische Schwierigkeit: Sie ist abhängig von der Überforderung der Pfarrfrau in den Jahren, in denen ihre Kinder klein waren. Viele junge Frauen übernehmen mit großem Elan und ebensolcher Verantwortungsbereitschaft die Aufgabe, Gemeindemutter zu sein. Oft liegt eine unermeßliche Arbeitslast auf ihren Schultern: Altentag, Frauennachmittag, Kindergottesdienst, Chor, Verpflichtungen bei Hochzeiten und Beerdigungen und Telefondienst rund um die Uhr. Es ist ein full-time-job; aber der mit den kleinen Kindern wäre es auch – eben ein zweiter full-time-job. Um die Kinder drängelt sich zwar allerlei: kontaktschwache ledige Gemeindemitglieder, Konfirmandinnen, Ersatzomas, Gemeindehelferinnen. Jeder nimmt 'mal wen. Aber irgendwann pflegt der ganze Betrieb dennoch nach ein paar Jahren zusammenzubrechen. Sie ist geschafft, die so bemühte Pfarrfrau – und der junge Herr Pastor meistens auch. Dann gibt es die Zwangskur und die Zwangsbesinnung: Das offene Haus muß zu einem geschlosseneren werden. Im Schulalter sind die Kinder dann häufig mehr allein – nachmittags, und nicht selten auch abends. Denn die Termine jagen sich . . . Und wenn die Kinder in die Pubertät kommen, will es plötzlich nicht mehr mit ihnen gehen.
Es ist bitter traurig, bei einer psychologischen Untersu-

chung mit einer ebenso bemühten wie liebevollen Pfarrfrau dann die Bilanz aufmachen zu müssen: Die Kinder sind einfach zu kurz gekommen. Gerade am Anfang, gerade im ersten Lebensjahr brauchten sie das stille, ungehetzte Dasein ihrer Mütter, brauchten die abgeschirmte Ruhe und Beschaulichkeit. Welche Pfarrfrau mit welchem ihrer Babys darf die Idylle haben, wenn ihr Mann einer Gemeinde vorsteht?

Es sollte deshalb zum »Fiat-mihi« gehören, die Pfarrfrau von der Gemeindearbeit so weit es irgend geht zu dispensieren, wenn sie kleine Kinder hat. Es sollte in solchen Situationen *zwei* Gefährtinnen des Gemeindepfarrers geben: die Mitarbeiterin im Gemeindedienst und die um das Wohl der Kinder bemühte Familienmutter; denn sonst erwerben die Pfarrkinder die typische verweigerungsbereite Unruhe und Labilität, wie sie den in der Frühzeit unzureichend Verwahrten und stets Herumgereichten so gefährlich anhaftet. Die Kälber des Müllers konnten nicht gedeihen, weil er von morgens bis abends von den herbeifahrenden Bauern mit ihren Kornsäcken gefordert wurde – Pfarrers Kinder sind ähnlich gefährdet, so wußte es der Volksmund ohne jede vergleichende Verhaltensforschung. Die Tragödie aber ist deshalb besonders bitter, weil eine Hauptvoraussetzung für die Gnade des Glaubens das Erleben ist, vorbehaltlos, total und personal in verläßlicher Treue geliebt und umsorgt worden zu sein. Die Totalität der liebenden mütterlichen Leiblichkeit bewirkt, daß im Kind das Gefühl von Geliebtsein und Geborgenheit aufkeimt, jener Wurzelgrund, in dem der Baum Glaube, Liebe und Hoffnung sich allmählich zu entfalten in der Lage ist. Auch insofern soll das Wort doch Fleisch werden! Weder durch die Gewöhnung an das Glaubensritual allein noch durch verbale Belehrung läßt sich der Glaubensschatz der Pfarrers-Eltern auf ihre Kinder übertragen – auch das so ehrenwerte Vorbild in einem selbstlosen Dienst kann die religiöse Überzeugtheit der Jugend allein nicht erbringen: Liebe, Vertrauen und Dankbarkeit müssen sich durch die selbstlose, ungeteilte Hingabe der Mutter im jungen Menschen eingewurzelt haben, sonst fehlt später die entscheidende Voraussetzung zur Weitergabe des Glaubensschatzes.

Auch in diesem Bereich müssen wir wohl neu, weniger gesetzlich, weniger prinzipienhaft hinaufzufragen lernen. Gott gibt keiner Frau einen Säugling, der nach seiner Mutter schreit, ohne daß wir darin nicht ein gebieterisches Gebot mit Prioritätscharakter erkennen sollen.

Wir müssen lernen, hellhöriger zu fragen, um Gottes Willen zu ertasten. Der fordernde Egoismus eines jungen Pastorenkindes darf nicht per Identifikation mit den moralischen Ansprüchen der Erwachsenen in die Kategorie zu überwindender Egoansprüche eingeordnet und abgewertet werden.

Im Konflikt zwischen der Hingabe an die Gemeinde oder der Hingabe an das Kind, das der Pfarrfrau hilflos von Gott anvertraut ist, darf das Kind siegen, weil sie hier am unmittelbarsten, am existentiell notwendigsten gefordert ist. Die erzwungene Identifikation der Pfarrkinder mit der so wertvollen Selbstlosigkeit ihrer Eltern gefährdet ihre Entfaltung. Aber selbst die Seelen von Pfarrkindern sind, wie die der Gemeinde, anvertrautes Leben. Und jede einzelne Seele rechtfertigt die auffordernde Hingabe einer Mutter in Christo an sie.

Würde sich die Kirchenleitung, würde sich das Diakonische Werk die Bereitstellung von Hilfskräften im Gemeindedienst als Ersatz für die überlasteten Pfarrfrauen mit kleinen Kindern zur Aufgabe machen – wir könnten sicher in der nächsten Generation den wahren, falschen Satz von den Pfarrerskindern und dem Müllers-Vieh ad acta legen. Das Gestüt der Müller gedeiht heute ja bereits prächtig mit dem mechanisierten Betrieb im Hintergrund, der dem Müller für die Pflege seines Viehs wieder hinreichend Zeit schenkt. Im Pfarrhaus sieht es anders aus; denn

Gemeindearbeit läßt sich nicht zum vollmechanisierten Betrieb machen. Um so wichtiger wäre es, die besondere Schwierigkeit der Pfarrfamilie zu erkennen und in gezielter Verantwortung daran mitzuwirken, daß deren Kinder zu ihrem Recht kommen. Im Grunde bietet nämlich das vorbildliche Leben gläubiger Eltern eine besonders gute Voraussetzung, um zu einem wertbewußten und wertvollen Leben zu kommen.

Das Kind – Prinzip Hoffnung

Nun rollt sie mit hoher Bugwelle: die Fregatte des internationalen Jahres des Kindes. Nun wird die unterprivilegierte Kaste Kind aufgefordert, ihre Rechte anzumelden, nun schiebt man sie in den Vordergrund, um mit manipuliertem Geschrei dumme Verbote einer repressiven Gesellschaft in fröhlich-freies Erlaubtsein zu verwandeln: Das Jahr des Kindes, das Jahr der Gleichberechtigung jener eingeengten Kleinen, denen man in geklotztem Beton das Recht auf Freiheit verwehrt. Emanzipation der Unterdrückten vom Machtmißbrauch bevormundender Individualerzieher – so läßt es sich auf den geblähten Segeln der Großfregatte ablesen, die per Television jüngst durch unsere Wohnzimmer segelte.

Wohin segelt dieses Schiff? – so fragt man sich beklommen angesichts der Übertragung der Eröffnungsfeier zum Jahr des Kindes in Bonn. Stehen Steuermann und Kapitän wirklich im Dienst des Kindes? In welchem Land Utopia soll hier ausgeladen werden und zu welchem Zweck?

Nirgendwo tritt das Zweckdenken des modernen Zeitgeistes ungeschminkter, demaskierter zutage als im Umfeld der Belange des Kindes. »Welchen Zweck kann es denn heute noch haben, Kinder in die Welt zu setzen?« fragen viele. Für unser Alter können wir sogar besser ohne Kinder sorgen, sie engen ein, erfordern Rücksicht, behindern Beruf und Karriere – ungerechterweise besonders die der Frau. Sie sind, wie die Bilanz der legalen 73 500 Abtreibungen im vergangenen Jahr bewiesen hat, häufig so sehr ein unzumutbarer Störfaktor, daß man es sogar im Sinne des Rechtes auf Selbstbestimmung für unumgänglich erachtet, sie ungeboren bereits in Massen umzubringen. Es hat keinen Zweck, sie überhaupt erst zur Welt kommen zu lassen.

Wenn sie aber auf der Welt sind, ist es im höchsten Maße dienlich, sie so rasch wie möglich auf den Weg zu einer besseren Gesellschaft der Zukunft zu bringen, zu einer Zukunft von Gleichen – ob Kind, ob Greis, ob Mann, ob Frau. Angeborene Gleichheit kann nur durch gleichen Umwelteinfluß erhalten bleiben, so glaubt man. Deshalb: Weg mit dem Kind aus dem Einflußbereich von leiblichen Müttern und Vätern, von der Familie überhaupt, hinein mit den Säuglingen in die Kollektive, forsch voran zu den Zielen der Gesellschaft des vollkommenen Glücks: Gleichheit, Intellektualisierung, Sexualisierung und umverteiltem Besitz, hinein in ihre Selbstbestimmung als freies, gleiches, sich kritisch verweigerndes Wesen. Nur: Das Kind ist kein gleichförmiges, von einer Maschine ausgespucktes Marmeladenglas, wenn es zur Welt kommt, das man nur mit der besten aller Einheitsmarmeladen vollzustopfen braucht, damit es einen schmackhaften Daseinszweck erfüllt. Jedes Kind ist vielmehr unwiederholbare Person. Es ist auf Entfaltung hin angelegt, und es bedarf der persönlichen Vormacher, die mehr können und mehr wissen, die ihm Schutz und Geleit (samt der obligatorischen Gewöhnung an Einhaltung von Grenzen) vermitteln. Es ist Mißbrauch des Kindes, wenn man es im Zuge einer mechanistischen Fehlvorstellung vom Menschen und selbstgestrickter gesellschaftspolitischer Utopien manipuliert und das dann noch selbstbetrügerisch als Befreiung des Kindes etikettiert. Nein, so werden wir unseren Kindern nicht gerecht! Sie sind vielmehr unser Prinzip Hoffnung schlechthin.

Kinder sind bereits ohne jeden Zweck daseinsberechtigt.

Sie sind uns als verantwortungsschwere Gabe anvertraut, und sie bedürfen unserer Achtung in ihrem So-Sein, um jedes einzelne in seiner Eigenart aus solcher Haltung der liebevollen Beobachtung heraus begreifen zu können. Johann Gottfried Herder schrieb 1774: »So viel sehen wir, daß ein Kind, wie die Gestalt seines Körpers und Angesichts, auch die Züge seiner Art zu denken und zu empfinden mitbringt; es ist ein gebildeter ganzer Mensch, obschon im kleinen. Du kannst kein Glied hinzutun, das ihm fehlet . . ., und es ist, dünkt mich, die platteste Meinung, die je in einen Papierkopf gekommen, daß alle menschlichen Seelen gleich, daß sie alle als platte leere Tafeln nur auf die Welt kommen. Keine zwei Sandkörner sind einander gleich, geschweige solche reichen Keime und Abgründe von Kräften, als zwei Menschenseelen, oder ich hätte von dem Worte Menschenseele gar keinen Gedanken . . . Im Kinde ist ein Quell von mancherlei Leben, nur noch mit Duft und Nebel bedeckt. Eine Knospe, in der der ganze Baum, die ganze Blume eingehüllt blühet. Nicht zu früh reiße sie auf, diese Knospe! . . . Es ist ein unersetzlicher Schade, wenn man die . . . Blume aufbricht, daß sie lebenslang welke.«
Das Kind ist also eine handfeste Konkretion von Zukunftshoffnung jeglicher Art. Ja, es ist ein Garant von Zukunft überhaupt. Eine Familie ohne Kinder geht sehr rasch zugrunde, ein Volk ohne Kinder kann den Alten bald keine Rente mehr zahlen und stirbt aus. Kinderschwund, so können wir heute bange realistisch konstatieren, bedeutet Minderung von Zukunft, Minderung von Lebenshoffnung generell. Deshalb ist die Geburt eines Kindes – wie das Licht in der Finsternis – das Aufkeimen von Hoffnung. Darüber hinaus ist in dieser Art der Neubelebung – wie das Wunder des neugeborenen Kindes es uns demonstriert – gleichzeitig eine große Offenheit aller Wunschmöglichkeiten enthalten, nämlich die Hoffnung auf eine starke, bessere, liebevollere Menschheit, die

Hoffnung auf Fortschritt, heraus aus der Erfahrung immer wiederholten Schwachseins, Begrenztseins und Versagens. Das Neugeborene macht Mut zum Leben und weckt die Tatkraft, dem Hoffnungskeim zur Entfaltung zu verhelfen, es weckt die Freude für den Dienst an der Zukunft. Es ist ein Symbol für Belebung, für Fortgang, für Sieg über die Gefahr des Absterbens, des Todes. Weil jedem Menschen die Angst vor dem Tod, die Angst vor Vernichtung konstruktiven, sinnerfüllten Lebens in den Knochen sitzt, ist das Kind Anlaß zu freudvoller Entlastung seiner Angst. Wie das Licht die Finsternis besiegt, besiegt es allein durch seine Existenz die Furcht vor dem Aufhören der Fortentwicklung in der Schöpfung.
Das ist heute nicht im mindesten mehr im Bewußtsein vieler junger Paare. Man empfindet häufig Familie und Kinder nicht mehr als Zukunftshoffnung, man sucht eben nur die partnerschaftliche Liebe um ihrer selbst willen, ohne zu realisieren, daß diese Form doch nicht zum Ziel, zur eigentlichen Bestimmung der Liebe führt. Weder das wechselseitige Opfer des eigenen Ichs noch der wechselseitige Gewinn des anderen können der letzte Sinn der Liebe sein, selbst wenn es einem liebenden Paar in einem seligen Moment so erscheinen mag. Die Ausschließlichkeit und Verabsolutierung ihrer leidenschaftlichen Gegenwärtigkeit beraubt das Paar der Zukünftigkeit. Darin liegt ein zerstörerischer Aspekt. Ihn hat Ingeborg Bachmann in ihrem Stück »Der gute Gott von Manhattan« deutlich gemacht: »Ich glaube, daß die Liebe auf der Nachtseite der Welt ist, verderblicher als jedes Verbrechen, als alle Ketzereien. Ich glaube, daß, wo sie aufkommt, ein Wirbel entsteht wie vor dem ersten Schöpfungstag. Ich glaube, daß die Liebe unschuldig ist und zum Untergang führt; daß es nur weitergeht mit Schuld und mit dem Kommen vor alle Instanzen. Ich glaube, daß die Liebenden gerechterweise in die Luft fliegen und immer geflogen sind. Ja, auffliegen müssen sie, spurlos, denn nichts und niemand darf ihnen zu nah

kommen. Sie sind wie jene seltenen Elemente, die da und dort gefunden werden, jene Wahnsinnsstoffe, mit Strahl- und Brandkraft, die alles zersetzen und die Welt in Frage stellen.«
Das ist ein Hinweis von großer allgemeiner Bedeutung: daß die Verabsolutierung der Liebe letztlich in eine Sackgasse führt. Denn auch dort, wo das Versinken in der Leidenschaft nicht in den gemeinsam beschlossenen gewaltsamen Tod führt, gerät eine solche Liebe, in der zwei Menschen ausschließlich einander bestimmen, in die Gefahr des seelischen Todes, der Erstarrung vor Langeweile. Exklusive Liebe ist letztlich Egoismus zu zweit. Das Verharren im Paradies beschwört die Gefahr und das Unglück des Schlaraffenlandes herauf: die Gefahr, daß Liebe durch Übersättigung stirbt. Auch deshalb verkörpert das Kind selbst dort noch das Prinzip Hoffnung, wo es nicht als eigentlicher Sinn und als Erfüllung gewünscht, sondern als störend und hinderlich für die Gemeinschaft der Liebenden empfunden wird! Doch ist das völlige Fehlen eines solchen Wunsches ein Zeichen dafür, daß diese Liebe keine echte, das heißt: keine in die Zukunft gerichtete Partnerschaft ist. Echte liebende Paargemeinschaft kennt die Sehnsucht nach einem gemeinsam erliebten und geschaffenen Dritten. Das braucht gar nicht einmal unbedingt ein leibliches Kind zu sein. Das Kind, mit dem aus einem liebenden Paar eine Familie wird, ist aber sozusagen das Ur-Modell für die Dimension der Liebe, eben das Prinzip Hoffnung schlechthin. Die Liebe der Mutter zum Vater erhält einen neuen Inhalt, und die Liebe des Mannes zu seiner Frau wandelt sich, wenn sie ihm ein Kind »schenkt«, wie es unsere Sprache so schön ausdrückt. Mit diesem Kind schenkt sie ihm mehr als nur Nachkommenschaft, sie schenkt ihm eine Aufgabe. Oder besser gesagt: das Paar beschenkt sich gegenseitig mit einer gemeinsamen Aufgabe. Diese weist aber letztlich über die Familie hinaus; Kinder werden mit Recht als Geschenke auf Zeit

bezeichnet, als Aufgaben von begrenzter Dauer. Sie werden flügge, nicht für die Eltern, sondern für das eigene Leben, zu dem dann später auch wieder eigene Kinder gehören. Der in die Zukunft weisende Aspekt von Aufgaben, die aus der Liebe fließen, bleibt in diesem Falle kontinuierlich und sinnträchtig erhalten. Daß diese fließende Bewegung mehr sein soll als nur ein ewig gleicher Kreislauf eines in sich rollenden Rades der Generationen, wird schon daran erkennbar, daß jedes Elternpaar im Grunde seiner Seele in bezug auf seine Kinder stets ehrgeizig ist. Eine deutliche Neigung von »über uns hinaus!« ist im Hoffen und Streben der Eltern für ihre Kinder immer erkennbar. »Sie sollen es einmal weiter bringen als wir!« heißt es dann, und Nietzsches Ausspruch: »Nicht fort sollst du dich pflanzen, sondern hinauf!« lebt in solchen Elternwünschen. Und das ist ein Akzent des Liebens, der bei seinen höheren Formen immer deutlicher spürbar wird. Es ist nicht getan mit dem »Seid fruchtbar und mehret euch!« des Alten Testaments. Das Liebesstreben ist nicht allein biologisch, nicht nur quantitativ deutbar. Selbst in der rein biologischen Zukunftsdimension des Liebens, im Bemühen um Nachkommen, ist das Streben nach neuer, höherer Qualität vorhanden. Das Kind als Prinzip Hoffnung enthält einen deutlich transzendenten Aspekt. Denn das Kind zweier Liebender ist ihnen ein Symbol ihrer Hoffnung auf eigene Unvergänglichkeit, und es ist zugleich der oft einzig sichtbare Beweis für die schöpferische Kraft, die aus ihrer Liebe fließt und sie dadurch zugleich vor der Zerstörung bewahrt.

Wo immer das Lieben der Menschen in irgendeiner Weise über den Egoismus zu zweit hinausweist, auf ein gemeinsames Drittes bezogen ist, an einer gemeinsamen Aufgabe zu schöpferischer Gestaltung, zum Neuwerden führt, enthebt es sich zugleich der Gefahr der Selbstzerstörung. Solche Liebenden ersticken nicht an ihrem ausschließlich Aufeinanderbezogensein, sondern sie leben im Teilhaben an der Zukunft. Das bewußte Erwählen dieser Form von Liebe gibt wohl überhaupt erst die Möglichkeit einer größeren Dauerhaftigkeit des Glücks, einer in Gemeinsamkeit durchglühten Lebensfreude. Das Lieben wächst über ein mit dem Willen nicht steuerbares Fühlen hinaus, es wird zur Haltung: Das Bewußtsein einer gemeinsamen Aufgabe schafft eine Verbundenheit zwischen Menschen, weil sie sich als unter dem gleichen Auftrag lebend erkennen.

Echtes Glück und damit auch echter Lebensgewinn und weiterführende Lebensreife blühen also häufig mehr im Verborgenen und gerade dort, wo man sie nicht vermutet. Diese These gilt besonders für das Kind. Wir werden dem Glück, mit dem es uns beschenken kann, nicht gerecht, wenn wir es nur aus dem Blickwinkel der Einengung unseres Freiraums zu betrachten suchen. Und noch schlimmer: Wir werden blind gegen die Gaben, die Kinder uns durch ihr Sein zu geben vermögen. Das einseitige Fixiertsein auf die Last, die sie gewiß auch darstellen, nimmt uns die Möglichkeit, den Reichtum zu fassen, den sie uns spenden. Kinder vermitteln uns nicht nur eine Fülle an elementarer Freude durch das Miterleben eines sich entfaltenden Menschen, durch ihre Anhänglichkeit, durch die sinnvolle Aufgabe, Erzieher zu sein – nein, Kinder können uns, wenn wir nur die richtige Einstellung haben, in der eigenen geistigen Entwicklung in einer einmaligen Weise förderlich sein; sie können uns im übertragenen Sinn wirklich den Himmel aufschließen. Nicht wir sind die – oft mäßigen – Belehrer unserer Kinder, sondern sie vermitteln uns durch ihr Sein eine eigentliche, eine zentral richtige und notwendige Daseinshaltung. Kinder haben zwar noch nicht genug Lebenserfahrung, sind infolgedessen noch unseres Schutzes und unserer Unterweisung bedürftig, bis sie der Lebensbewältigung schließlich selbständig gewachsen sind; dafür haben sie aber Merkmale, die wir spätestens jenseits unserer Jugendzeit dringend brauchen, falls wir den Anspruch erheben, mehr in diesem Leben zu praktizieren, als uns unseren Lebensunterhalt zu verdienen. Sie besitzen die Eigenschaften, die wir Erwachsenen brauchen, wenn wir zum Eigentlichen, zu unserem tiefsten Lebenszentrum, wenn wir zum Sinnkern unseres Lebens vorstoßen wollen. Unsere kleinen Kinder sind offen, spontan, gefühlsreich, beweglich, intensiv, unmittelbar, vertrauensvoll, nachdenklich, aufgeschlossen, zärtlich und intensiv glücksfähig. Aber sie sind auch abhängig, angewiesen auf Geleit und Hilfe und dadurch arm und klein im wahrsten Sinne des Wortes. Und gerade diese Eigenschaften hatte Christus doch wohl im Sinn, als er auf die Diskussion der Jünger darüber, mit Hilfe welcher Leistungen man am ehesten einen Anspruch auf das ewige Leben erwürbe, antwortete: »Wahrlich, wahrlich, so ihr nicht werdet wie die Kinder, werdet ihr nicht ins Himmelreich kommen.«

Das Sein der Kinder kann uns also belehren. Am Beobachten unserer Kleinen können wir vorbildhaft lernen, worum wir uns in unserem Alltag mühen müssen, um eine Haltung einzuüben, die »Himmelreich« verheißt. Himmelreich – damit ist, wenn man weiter die Aussagen Christi bemüht, ja keineswegs allein vom Leben nach dem Tode gesprochen, sondern – so läßt er immer wieder durchblicken – von der gelebten Wirklichkeit bereits hier in diesem Leben. Ohne mit dem Blick auf das Kind zu leben, hieße dann aber auch: weniger Gelegenheit zu haben, am lebendigen Vorbild zu lernen.

Das Kind ist das Prinzip Hoffnung schlechthin. Verraten wir es an unseren Egoismus, so kommt das nicht nur einer unverantwortlichen seelischen Verstümmelung des uns anheimgegebenen Kindes, es kommt auch unserer persönlichen Selbstaufgabe gleich – und nicht erst dem Selbstverlust unseres Volkes im Jahre 2100, der lediglich die Konsequenz einer solchen Haltung darstellt. Mut zum Kind heißt Mut zum Leben.

»Vater« und »Mutter« – unanständige Wörter?

Aldous Huxley hat es uns bereits vor dreißig Jahren prophezeit: Wenn die »brave new world« erst begonnen hätte, dann würden die Wörter »Mutter« und »Vater« aus unserer Sprache verschwinden, denn sie zu gebrauchen, gelte in der voll anonymisierten, voll automatisierten, voll kollektivierten Gesellschaft als unanständig.

Die Kennzeichen mehren sich, daß wir im Begriff sind, uns diesem Status anzunähern, vor allem zunächst durch eine Tabuierung des Wortes Mutter. Bei Gelegenheiten, in denen eigentlich von ihr die Rede sein sollte, gebraucht man infolgedessen lieber das Wort »Bezugsperson«. Es ist so schön sachlich, es weckt keine Animositäten gegen einen geschmacklosen »Muttermythos«, es wird der Vorstellung gerecht, daß eine konstante persönliche Betreuung des Kindes durch die Mutter – eben jener durch die Bande des Blutes verbundenen Person – peinlich veraltet (gruselig faschistisch gar?) und überdies einfach ungerecht sei, ungerecht gegen jene Personen, die ohne Blutsbande auch so einen guten Bezug zum Kind aufbauen könnten. Ganz im Sinne Huxleys unterstellt unser Trend: Dem Eigentlichen, dem Wesentlichen, dem rein Funktionalen, dem apersonalen Kern in der »Sozialisation« des Kleinkindes ist der Ausdruck »Mutter« heute nicht mehr gemäß.

Nun gibt es freilich Gelegenheiten, bei denen man nicht ganz umhin kann, die Ausdrücke »Mutter« und »Vater« doch zu gebrauchen, zum Beispiel in Familienfragen, bei Scheidungsangelegenheiten, bei familienpolitischen Programmen. Was tun, wo doch die Tabuierung der Worte schon im Begriff ist, zur ungeschriebenen Vorschrift zu werden? Ganz einfach: Man spricht vom »Elternteil« oder der »Ein-Eltern-Familie« (im Gegensatz zur vollständigen Familie) oder einfach nur von »Partnern«.
Bemerkenswert: In dem Entwurfpapier eines kirchlichen Gremiums zum Thema »Erziehen – wozu?«, das in zweijähriger Expertenbemühung erarbeitet wurde, kommt bei vielen weisen Äußerungen auf zwölf Schreibmaschinenseiten das Wort »Mutter« überhaupt nicht vor! Eingebrachte Anträge, die unaufgebbare Bedeutung der Mutter für die Erziehung der Kinder unmißverständlich zu artikulieren, wurden zurückgewiesen oder überstimmt. Wer bei dieser oder anderen Gelegenheiten hartnäckig für die Unaufgebbarkeit des Wortes »Mutter« als einer unterscheidenden Benennung der spezifischen Wesenheit und Notwendigkeit von Mutterschaft plädiert, wird mit nachsichtigem Lächeln als ein Don Quichotte, als einer mit einer starrsinnigen, reaktionären »Macke« beiseite getan, denn, bitte sehr: Elternteil, das zumindest ist ein treffendes Wort, bei dem voll integriert ist, daß Mutter und Vater funktional gänzlich gleich und infolgedessen auch legitim austauschbar sind. Die Wissenschaft »weiß«, daß die Mutter auch durch den Vater und sogar durch Bezugspersonen der verschiedensten Art ersetzbar ist. Es handele sich dabei nämlich um »Rollen«, die angeblich prinzipiell weglegbar und auswechselbar seien. Diese »Wissenschaft« weiß deshalb auch, daß es in der »brave new world« notwendig wird, gleichwertige Bezugssysteme neben das veraltete der »bürgerlichen« Familie zu stellen; und die Frau Familienminister ist sich sogar darüber im klaren, daß es »töricht« ist, wenn gewisse Leute immer noch behaupten,

Familienmütter gehörten ins Haus, solange die Kinder klein sind; »es gäbe keine Belege« dafür, daß außerhäusliche Berufstätigkeit für die Kinder dieser Bezugspersonen schädlich sei.

Einer von zahlreichen internationalen Belegen gelangte vor kurzem aus dem Pädagogischen Institut der Gesamthochschule Essen an die Öffentlichkeit: Im Grunde können trotz aller »Sozialisation« der Kinder durch gewerbliche Bezugspersonen in noch so fabelhaften Institutionen diejenigen Kinder in der Schule Besseres leisten, die in Familien mit konstanten Bezugspersonen betreut werden – die Familie ist aller institutionellen »Sozialisation« der Kinder überlegen!

Herr Prof. Twellmann aus Essen tut mir leid; was er betreibt, wird künftig nicht mehr Wissenschaft genannt werden können. Denn sie entlarvt in kindlicher Wahrheitsliebe, daß des Kaisers neue Kleider keine Kleider sind – daß der Kaiser nackt ist. Sie bricht ein modernes Tabu – und das wird er zu büßen haben. Freilich, er wäre zu retten, wenn es ihm gelänge, eine statistik-würdige Zahl von Hausmännern zusammenzutrommeln und zu beweisen, daß sie als daheimgebliebener »Elternteil« die geistige Entwicklung der kindlichen Partner endlich zu einer Höhe gebracht hätten, die den hochgespannten Erwartungen an die rationale Intelligenz unserer Kinder entspräche. Vermutlich würde man aber auch der Darstellung nur einiger oder gar eines einzigen Falles *dieser* Art wissenschaftliche Relevanz bescheinigen; denn – gewiß – wer die »Austauschbarkeit der Elternteile« belegt, dem dürfen wir glauben . . .

Wer manipuliert die Jugend?

Wenn man den Text liest, ohne die Quelle zu kennen, ist er nicht sonderlich ungewöhnlich. Er kennzeichnet einmal mehr den sogenannten »emanzipatorischen« Geist, besser wäre es, zu sagen, den Geist der Verhetzung, den man unseren Kindern in der Bundesrepublik Deutschland seit mehreren Jahren tagaus, tagein ungehindert zumuten zu können glaubt. Wenn man aber vernimmt, wo und wann dieser Text – wie üblich ohne jeden Widerspruch oder Protest einer »rechtlichen Instanz« – hat gesprochen werden dürfen, überkommt den unbefangenen Zuhörer Beklommenheit.

Es war bei der Eröffnungsfeier zum »Jahr des Kindes« in der Beethovenhalle zu Bonn. Es geschah in der Anwesenheit von Bundespräsident Scheel und Familienministerin Huber, als ein vierzehnjähriger Junge folgenden Text zu sprechen hatte:

»Ich bin ein sexuelles Wesen und will diese Sexualität auch voll ausleben. Mit Erwachsenen, mit Vierzehnjährigen, mit Sechzehnjährigen, mit Achtzehnjährigen, mit Jungen und mit Mädchen, mit Männern und mit Frauen. Es ist egal, welches Geschlecht und wie alt. Liebe brauche ich mehr als alles andere. Aber gerade Liebe bekomme ich keine, weil andere Sachen angeblich wichtiger sind, wie Schule, Lernen, Studieren, Geld verdienen. – Weshalb

darf ich meine Gefühle nicht ausleben? Weshalb gibt es Gesetze, die mich zwingen, sechs Stunden am Tag irgendeinen Mist zu lernen? Da mache ich nicht mehr mit. Ich lerne nur noch die Sachen, die ich lernen will. Ich werde nur noch nach meinen Gefühlen leben. Ich werde versuchen, frei zu sein, und ihr werdet versuchen, mich totzuschlagen, werdet mich auslachen und mich für verrückt erklären, nur um nicht über eure eigene Kaputtheit nachzudenken. Ich brauche euch nicht! . . . Ich finde, in Familien ist es so gut wie unmöglich, daß die Kinder frei leben, daß sie lernen, ihre Wünsche zu artikulieren und auszuleben. In der Familie lernt das Kind nur eins: zu gehorchen und seine Wünsche zu unterdrücken. Das sollte man aber nicht tun. Nur wer sich einmal gegen seinen Vater wehrt, der gehorcht auch später vielleicht seinem Lehrer nicht und noch später seinem Chef nicht. – Für solche Kinder gibt es dann die staatlichen Erziehungsheime. Diese Gefängnisse sind zur Zeit die einzige Alternative zur Familie. Auf die Idee, daß wir selbst am besten wissen, was gut für uns ist, kommt keiner. Entweder werden wir von unseren Eltern bevormundet oder vom Staat. Was wir wollen, ist scheinbar egal. Wir sollen vergessen, was wir wollen.«
Es ist unzureichend, bei diesem Text in fröhlicher Bereitschaft zur vollen Toleranz für alles, was aus jungen Mündern quillt, zu verharren. Wir sollten uns um eine Analyse dieses Vorgangs und dieses Geistes nicht mit Scheinmotivationen herummogeln. Wir sollten versuchen – so unangenehm, so gewiß folgenschwer das ist –, dem Hineinleuchten in die Hintergründe einer solchen Ansprache nicht auszuweichen.
Als erstes: Diese Rede stand – eben zur Eröffnung des »Jahres des Kindes«, im Kontext der Kinderstimmen, die, ihren »Stand« repräsentierend, ihr eigentliches, ihr spezifisches Kindsein, ihr Kinderrecht zu artikulieren hatten – unter der Devise: Nun laßt die Kinder einmal selbst zu Wort kommen, laßt uns, die Erwachsenen, aufmerksam

zuhören, damit wir ihnen und ihrem So-Sein in Zukunft besser gerecht zu werden versuchen.
Die Frage im Hinblick auf den Text muß infolgedessen lauten: Kommt hier wirklich das typische So-Sein eines Vierzehnjährigen zu Wort? Ist es repräsentativ für die altersentsprechenden Wünsche eines Vierzehnjährigen? Ich habe in meiner Arbeit als Kinder- und Jugendlichentherapeutin seit zwanzig Jahren Gelegenheit gehabt, an den geheimsten Wünschen von Vierzehnjährigen Anteil zu nehmen. Ich habe selbst bei Schwergestörten, selbst bei den zu früh Sexualisierten praktisch nie erlebt, auch in den Träumen der Vierzehnjährigen nicht, daß sie dies eine wollen: »Egal mit welchem Geschlecht und wie alt, Geschlechtsverkehr haben«. Es gab eine einzige, eindrucksvolle Ausnahme, aber die betraf einen bereits Zwanzigjährigen: einen hünenhaften, bärenvitalen Mann mit einem angeborenen Schwachsinn, der sich auf dunklen Wegen griff, was ihm begegnete – »egal was«. Nein, repräsentativ für Vierzehnjährige ist das nicht – selbst nicht im Jahre 1979! Diese Altersstufe ist vielmehr noch von einem unbestimmten Drängen gekennzeichnet. Mopedfahren wollen sie, an Vaters Lenkrad schleichen sie sich heimlich heran. Sexualität, auch wenn sie sie, meist durch eine hämmernde Überinformation, bei sich bewußt entdeckt haben, ist ihnen dennoch unheimlich, ist ihnen ein heißes Eisen – schon im Hinblick auf Mädchen. In bezug auf mütterlich-großmütterliche Wesen erschrecken auch die Kinder heute noch tief, wenn sie bei sich erleben, daß man die eine oder die andere Personengruppe plötzlich auch einmal anders sieht – mit einem merkwürdig aufregenden Gefühl von Neugier und Triebdrang. Auch die ganz Aufgeklärten, auch die, deren Schamgefühl man mit viel Bemühtheit abdressierte, empfinden sich nicht mit gelassener Kaltblütigkeit als »sexuelle Wesen«, die das ausleben wollen, »egal mit welchem Geschlecht und wie alt, egal ob mit Männern oder Frauen«.

Selbst die Vierzehnjährigen, die der »Bravo«-Anleitung zur Homosexualität Folge leisteten – und ich habe mehrere davon zu sehen bekommen –, denen man den Freipaß zur Ausübung »polyperverser« Sexualbetätigung absolut tolerant in die Hand drückte, haben nicht das Bedürfnis, ihre Sexualität wahllos weiterhin »auszuleben«, »mit Erwachsenen, mit Vierzehnjährigen, mit Sechzehnjährigen, mit Achtzehnjährigen, mit Jungen und Mädchen, mit Männern und Frauen«. Nein, sie haben in dieser Hinsicht heute eine ganz andere Problematik: Sie haben Angst, in einen Sog zu geraten, in einen ganz einseitigen Strudel. Und diese dunkle Gewalt spüren sie – selbst dann, wenn ihre Umwelt ihnen das volle »Ausleben der Sexualität« vorlebt und ihnen auffordernd zubilligt. Gerade *diese* Vierzehnjährigen, die total Freigelassenen, so sagt mir die Erfahrung der siebziger Jahre, geraten in ein unbestimmtes, konfliktreiches Unbehagen gegen die Verführung, in die man sie hineinzunötigen sucht.
Nein, repräsentativ für ihre Einstellung zur Sexualität ist dieser Ausspruch eines Vierzehnjährigen gewiß nicht. Er ist auch gewiß nicht von ihm selbst verfaßt worden – schon die Diktion des Textes ist nicht die Sprache unserer Vierzehnjährigen heute. Er artikuliert hier gerade nicht sein eigenes Bedürfnis, dieser Junge, sondern eines, das ihm von Erwachsenen in den Mund gelegt wurde. Er ist wirklich »fremdbestimmt«, wenn auch nicht von Eltern, »die ihn zwingen, zu gehorchen und seine Wünsche zu unterdrükken«, wie er es daherzubeten hat. (Schon seit vielen Jahren ist es – laut Praxis – nicht mehr das Ziel der Eltern, ihre Kinder zu gehorsamen, sondern zu selbständigen und glücklichen Menschen zu erziehen). Nein, er ist fremdbestimmt von Manipulierern anderer Art, jener eben, die diesen Text – und ungezählte ähnliche in unseren Schulbüchern und Medien – mit einer ebenso klaren wie einseitigen Absicht verfaßten: der Fremdbestimmung, das Kind zu einem Aktionisten der Gesellschaftsveränderung, der

Abschaffung eines ihrer Meinung nach ganz und gar verkommenen Systems hochzumanipulieren.
Die Rede des Vierzehnjährigen ist in der Tat eine Demonstration – aber keine einer kindnahen seelischen Befindlichkeit, kein vom Kind ausgehender Appell an das Verständnis Erwachsener, sie ist eine Demonstration des Zugriffs der Macher aus dem Geist der Frankfurter Schule auf den Geist unserer künftigen Generation. Marcuse schreibt: ». . . Der radikale Wandel muß in eine Dimension der menschlichen Existenz hineinreichen, die in der Marxschen Theorie kaum berücksichtigt wurde – die ›biologische‹ Dimension, in der die vitalen Bedürfnisse und Befriedigungen des Menschen sich geltend machen. Soweit diese Bedürfnisse und Befriedigungen ein Leben in Knechtschaft reproduzieren, setzt eine Befreiung eine Veränderung in dieser Dimension voraus, das heißt: andere Triebbedürfnisse, andere Reaktionen des Körpers wie des Geistes . . . Alle Befreiung hängt vom Bewußtsein der Knechtschaft ab . . . Unter diesen Umständen werden direkte Aktion und grober Ungehorsam für die Rebellion zum wesentlichen Bestandteil des Übergangs von der indirekten Demokratie des korporativen Kapitalismus zur direkten Demokratie, bei der Wahlen und Repräsentanz nicht mehr als Institutionen der Herrschaft dienen. Gegen diese wird direkte Aktion ein Mittel zur Demokratisierung, zur Veränderung, wenn auch im etablierten System . . .«
Daß Reform dieser Art als »Marsch durch die Institutionen« seit zehn Jahren in Deutschland ungehindert geschieht, ist eine von niemandem mehr bestrittene und nicht mehr zu leugnende Wirklichkeit. Die bange Frage heißt hier aber: Wollen unsere Regierenden *diese* andere Republik?
Unser Vierzehnjährger weiß, was er wollen soll: Er soll ohne Familie leben wollen. Er soll ohne jeden Leistungsanspruch leben wollen. Nur sagt uns die Streßforschung:

Ein Leben ohne jegliche Anstrengung ist des Menschen Tod. Nur daß alle neuen völkervergleichenden Untersuchungen uns sagen: Es gibt keine Alternative zur Familie, ohne Familie gibt es keine Zukunft. In der schönen neuen Welt unseres Vierzehnjährigen wird man dann aber auch weder ein Familienministerium noch sonst etwas, schon ganz und gar nicht einen Staat, der einengende Gesetze macht, benötigen, weil man an der eigenen Hybris »fremdbestimmt« – und das heißt verführt – zugrundeging. Plato sagt angesichts des Verfalls des griechischen Staates und der griechischen Kultur: »Die Alten aber setzen sich unter die Jungen und suchen sich ihnen gefällig zu machen, indem sie ihre Albernheiten und Ungehörigkeiten übersehen oder gar daran teilnehmen, damit sie ja nicht den Anschein erwecken, als seien sie Spielverderber oder gar auf Autorität versessen. Auf diese Weise werden die Seele und die Widerstandskraft aller Jungen allmählich mürbe. Sie werden aufsässig und können es schließlich nicht mehr ertragen, wenn man nur ein klein wenig Unterordnung von ihnen verlangt. Am Ende verachten sie dann auch die Gesetze, weil sie niemanden und nichts mehr als Herr über sich anerkennen wollen. Und das ist der schöne, jugendfrohe Anfang der Tyrannei!«

Vom Anstieg der Kinder- und Jugendkriminalität

Seit dem 20. Juli 1979 wissen wir – man konnte es aus dem Munde der für derlei Besorgnis zuständigen Ministerin im Deutschlandfunk hören – es gibt in der Bundesrepublik Deutschland gar keinen Anstieg der Jugendkriminalität. Eine neue Untersuchung hat das gezeigt, und wir dürfen mit Frau Minister die entwarnende Bilanz zur Kenntnis nehmen. Die Schreckensmeldungen über ein Zunehmen der Gesetzesbrüche von Jugendlichen beruhen auf einem Irrtum: Die Zahlen über den Anstieg *wirken* nur so böse, denn es haben sich lediglich sogenannte Bagatelldelikte vermehrt – der Ladendiebstahl und der Fahrzeugdiebstahl. Und die sind erstens nur »entwicklungsbedingt« und zweitens als Zunahme noch nicht einmal echt: Denn – so die ministerliche Argumentation – früher zeigten die Ladenbesitzer vor Ort die stehlenden Jugendlichen einfach nicht an, »sonst hätten sie ja ihre Kunden verloren«. Heute aber, in der Anonymität unserer Kaufhäuser, wird eben auch das Bagatelldelikt zur Anzeige gebracht. Der redliche Jugendliche, dem dies nur ein einziges Mal, und das wegen seiner »Entwicklung« so passierte, gerät in den Verdacht, in den Geruch, ein Krimineller zu sein. Diese Diffamierung freilich könnte den Jugendlichen wirklich dazu machen, so erläutert der Wissenschaftler aus München, der die Studie erstellt hatte, im Rundfunk. Aber glücklicherweise haben sich die Gerichte auf diesen Mißstand eingestellt und sind humanerweise mit den Angezeigten rücksichts- und verständnisvoller geworden, man wird, zu Recht, vorsichtiger mit den Verurteilungen bei Jugendlichen.

Ich hörte diese schöne Sondermeldung in meinem Autoradio auf der Rückfahrt von einer der Verhandlungen mit straffällig gewordenen Jugendlichen, an der ich als Gutachter teilgenommen hatte.

Wie gut ist es doch zu wissen, daß der Blickwinkel der Einzelbeobachtung einfach zu klein ist, um zu so schönen, beruhigenden Ergebnissen zu kommen; wie entlastend auch, daß man alle Bestätigungen der eigenen Erfahrungen durch die statistischen Jahrbücher an den Nagel hängen darf. Denn laut dieser, nun als irrelevant entlarvten Statistik, haben sich die Zahlen der Jugendlichen und Heranwachsenden, die wegen Gesetzesbruch verurteilt wurden, seit 1960 deutlich gesteigert. In den sieben Jahren, von 1962 bis 1969, stieg die Zahl von 128755 um 2707 Verurteilungen auf 131462, aber in den nächsten sieben Jahren schnellte sie dann um 24808 verurteilte Jugendliche und Heranwachsende (also der Vierzehn- bis Einundzwanzigjährigen) auf 156270 im Jahre 1976 empor. Diese bisher letzte Publikation der Statistischen Jahrbücher erreichte damit den bisher höchsten Stand verurteilter Jugendlicher und Heranwachsender, trotz der sicher zu Recht beobachteten Behutsamkeit der Jugendrichter in bezug auf eine Verurteilung ihrer jungen Delinquenten. Die Statistischen Jahrbücher lassen auch noch weitere Differenzierungen zu. In der Kategorie Diebstahl und Unterschlagung zum Beispiel verzeichnen sie bei den Jugendlichen und Heranwachsenden im Jahre 1965 37305 Verurteilte, 1976 53998, d.h. also eine Zunahme von 16693 in den beiden Vergleichsjahren. Und das ist keine Ausnahme. Tendenziell zeigen die Jahrbücher, sowohl in der Statistik der tatverdächtigen wie der verurteilten Jugendlichen und Heranwachsenden, einen zwar von Jahr zu Jahr schwanken-

den, aber letztlich doch permanenten Anstieg. Nun gut, aber, so wissen wir seit der denkwürdigen Dokumentation, das hat glücklicherweise gar nichts zu bedeuten.
Aber wie der Zufall so will: Am Nachmittag dieses 20. Juli saß in meinem Sprechzimmer weinend eine siebzigjährige Großmutter, die ihren Enkel im Alter von zwei Jahren aus dem Heim geholt und großgezogen hatte, denn ihre Tochter, die junge unverheiratete Mutter, war mit einem neuen Freund ins Ausland gegangen, ohne sich weiter um ihren kleinen Sohn zu kümmern – den Vater hatte er ohnehin nie gekannt. Aber nun macht der Zwanzigjährige so viele Sorgen, er trinkt, ist faul, er ärgert die Großmutter, die alles für ihn tut, er hat keinen Schulabschluß, er findet keine Lehrstelle, denn spätestens nach drei Wochen gibt er oder der Arbeitgeber auf – es ist eben nichts mit ihm anzufangen.
Und er hat einen Stehlzwang, denke ich, als ich mir die Testergebnisse anschaue.
Die Bezugsperson jedes Probanden, der zu mir zur Untersuchung kommt, füllt zunächst einen Fragebogen aus, damit die dann folgende mündliche Befragung erleichtert wird. In eine Liste aufgeführter Anfälligkeiten werden Kreuzchen gemacht, um rascher zur Diagnose kommen zu können. Hat die Großmutter bei der Kategorie »Diebereien« ein Kreuzchen gemacht? Nein, das Kästchen ist leer. Ich frage den Zwanzigjährigen beiläufig: »Kommen Sie eigentlich manchmal in die Versuchung, jemandem etwas wegzunehmen?« Ärgerliches Kopfschütteln und intensive Weiterarbeit am Zeichentest. Aber später, als die Großmutter nach einigen Stunden des verstehenden beratenden Gesprächs zu mir Vertrauen gefaßt hat, bricht es aus ihr heraus: »Ja, am meisten Sorge mache ich mir über die Sache mit den ›Mopsereien‹«. Ach, damit habe er ja schon so früh begonnen, schon im Grundschulalter. Zuerst habe sie es gar nicht gemerkt, daß das Geld fehlte im Portemonnaie; aber dann sei in der Schule etwas passiert,

schließlich schon im Jugendalter auch einmal etwas im Selbstbedienungsladen, man habe da beide Augen zugedrückt, sie habe den Geldwert natürlich sofort erstattet; aber jetzt habe er zwei Kumpel – mit rechten Dingen gehe es da auch nicht zu. Mit dem Gesetz ist der Junge erst einmal in Konflikt geraten, aber da sei er mit einer Verwarnung davongekommen, Gott sei Dank; aber das sei doch wie eine Krankheit, er könne nie und von nichts genug bekommen, er sei ein Faß ohne Boden. Und dann sagt diese Frau: »Was ist das bloß mit unserer Jugend heute? Damals, in Ostpreußen, hatten wir einen kleinen Gemischtwarenladen. Da waren die Kinder noch ehrlicher. Man konnte ruhig auch 'mal nach hinten gehen. Nur die Kinder aus einer Familie waren nicht ganz astrein; aber da war wohl auch sonst vielerlei nicht in Ordnung. Die haben einmal etwas mitgenommmen aus dem Laden; aber das war in all den Jahren ein einziges Mal, ich weiß es noch heute, weil es eine so große Ausnahme war. Aber jetzt gibt's soviel Unglück dieser Art. Der kleine Laden mit den Schleckereien gegenüber der Schule in unserem Ort hat jetzt geschlossen. Der Besitzer ist pleite gegangen. Die Schüler haben mehr gestohlen als gekauft . . .«

Nein, es ist doch nicht so einfach, die Sorgen um die Jugend zu zerstreuen, selbst vom kompetentesten Ministerium nicht.

Wie »relevant« ist denn nun aber die Gegenstatistik der Frau Familienministerin? Sind die Dunkelziffern bei den zahllosen »Bagatelldelikten«, zu denen die des Enkels gehören, berücksichtigt worden? Hat man die Probanden und ihre Bezugspersonen lediglich mit Fragebogen befragt? Glaubt man, daß sie die Wahrheit über solche beschämenden Sachen wie Diebstähle enthalten? Glaubt man, daß jeder jedem einfach so verrät, daß er stiehlt? Und darüber hinaus pflegen wir Menschen derlei Unangenehmes zu »vergessen«, zu verdrängen, so nannte es Freud. Woraus schließt man, daß der Proband nur *einmal* stahl?

Aus der Verurteilung? Eine solche Schlußfolgerung erinnert an einen zeitnahmen Witz mit »Relevanz«: Der Richter sagt zum Jugendlichen: »Warum hast Du denn diesen Unfug gemacht? Du siehst doch: gleich wird man erwischt.« »Haben Sie eine Ahnung!« erwidert der Sechzehnjährige.

Ich möchte auf dem Boden meiner langjährigen Erfahrung jedenfalls Zweifel anmelden, ob es berechtigt ist, aus der Einmaligkeit der Verurteilung auf die Einmaligkeit des Diebstahls zu schließen. Wie oft täuschen sich gutgläubige Eltern über Jahre hinweg über die Ehrlichkeit ihres stehlkranken Kindes, wie eisern verschweigt der stehlende Jugendliche selbst seine Not. Wie häufig kommt erst in der langdauernden Betreuung das langjährige Elend zwischen Versuchung, Abwehr und Erliegen ins Gespräch! Und durch welche Gegenstatistik ist belegt, daß die Kaufleute früher gegen Diebstahl milde und gütig waren, heute brutal, anonym und unmenschlich sind? Hat sich der Untersucher hinreichend mit der Einstellung des Kleinbürgertums von 1930 bis 1970 zum Eigentumsdelikt beschäftigt? Sie war nämlich wesentlich unnachsichtiger und uneinfühlsamer als heute! Und welche Methoden wurden angewandt, um die Mär zu erhärten, daß der Diebstahl bei Jugendlichen mit der Kriminalität Erwachsener gar nichts zu tun hat? Meine Berufserfahrung hat mich hingegen gelehrt, daß das Grimm'sche Märchen vom »Meisterdieb« eine Menge zeitloser Wahrheit über die Vorgeschichte des erwachsenen Diebes enthält – nach dem Motto des Volksmundes »Was ein Häkchen werden will, krümmt sich beizeiten«. Oder haben Erfahrung und Beobachtung mit neuer Wissenschaft nichts mehr zu tun?

Aber man könnte immerhin meinen, daß Beruhigen doch wohl für den Bürger besser ist als Beunruhigen, wie es die als falsch entlarvte Statistik der Jahrbücher des Statistischen Bundesamtes nun einmal tut. Das kann eine ehrenvolle Aufgabe eines Regierenden sein. Der berühmteste

Beruhiger unserer Geschichte war wohl Friedrich Wilhelm III., der angesichts des Einfalls des napoleonischen Heeres in Preußen nach der Schlacht bei Jena den Grafen Schulenburg zu dem Ausspruch veranlaßte: »Ruhe ist die erste Bürgerpflicht«. Die Geschichtsschreibung hat lange darüber nachgedacht, warum er diese Haltung einnahm, obgleich seine Untertanen doch in großer, berechtigter Unruhe waren. Nun, er wollte, er konnte nichts machen, und so betrieb er jene Politik, die nach dem Wüstenvogel Strauß benannt ist. Aber auch damals erwies sich die schlichte Erkenntnis als wahr, daß Beruhigung nur hilft, wenn in der Realität dazu eine Möglichkeit besteht.
Auch unsere Realität heute heißt, daß ein Volk in großer Unruhe ist, weil es in Not ist, weil es von seinen Regierenden erwartet, daß sie die Not zur Kenntnis nehmen und sie abzuwenden suchen, statt sie zu bagatellisieren.
Gesetzesbruch wird nicht dadurch aus der Welt geschafft, daß man den Terminus Jugendkriminalität für abgeschafft erklärt. Das Ansteigen der sogenannten negativen Sozialindikatoren hat zumindest ein Gesundheits- und Familienministerium zu beunruhigen, denn es hat die Aufgabe, dem entgegenzuwirken. Diebstahlsneigung, Unmäßigkeit im Alkohol- und Rauschgiftkonsum, Arbeitsunfähigkeit aus müdem Mangel an Lebenskraft bei Jugendlichen hängen miteinander zusammen! Sie sind die Symptome *einer* seelischen Krankheit. Und wie relevant ist das Untersuchungsergebnis von Gareis und Wisnet aus der Jugendstrafanstalt Ebrach, in der rückfällige jugendliche Diebe einsitzen, daß man siebeneinhalbmal so häufig als aus irgendeinem anderen Grund kriminell wird, wenn man in den ersten drei Lebensjahren mutterfern leben mußte! Und wäre es nicht sinnreich, aus dem Ansteigen dieser seelischen Volkskrankheit auch in der DDR endlich einmal die Erkenntnis zu gewinnen, daß es keinen Schritt aus der Beunruhigung heraushilft, wenn man die bösen Kaufhauskönige zum Sündenbock für alles und jedes macht?

Unsere Jugendlichen sind gewiß nicht durchgängig verbrecherisch, aber sie sind in großer Zahl labil, sie sind in Not und verursachen Not. Die Familien brauchen Hilfe, und durch Gesundheitsaufklärung und freundliches Beschwichtigen ist sie nicht gegeben! Die Zeit ist vorbei, in der es noch möglich war, den Blick der Menschen für die Realität ihrer persönlichen Not zu vernebeln. Die Wahrheit aus dem »Meisterdieb« möge unserem Ministerium deshalb ins Stammbuch geschrieben sein, damit es erkenne, wo und wie es mit *wirksamer* Hilfe anzusetzen habe:
». . . Mein Sohn ist schon vor langer Zeit in die weite Welt gegangen. Er war ein ungeratener Junge, klug und verschlagen, aber er wollte nichts lernen und machte lauter böse Streiche«, sagt der Vater zu dem als »Meisterdieb« heimkehrenden Sohn, den er nicht erkennt. Und dann fährt die Geschichte fort: Der Alte nahm ein Bäumchen, setzte es in ein Loch und stieß einen Pfahl daneben; und als er Erde eingeschaufelt und sie festgestampft hatte, band er den Stamm unten, oben und in der Mitte mit einem Strohseil fest an den Pfahl. »Aber sage nur«, fragte der unerkannte Gast, »warum bindet Ihr den krummen, knorrigen Baum, der dort in der Ecke fast bis auf den Boden gebückt liegt, nicht auch an einen Pfahl, damit er geradewächst?« Der Alte lächelte und sagte: »Man sieht wohl, daß Ihr Euch mit der Gärtnerei nicht abgegeben habt. Der Baum dort ist alt und verknorrt, den kann niemand mehr gerademachen, Bäume muß man ziehen, solange sie jung sind.« »Ach, Vater«, sagte der Sohn, nachdem er sich dann zu erkennen gegeben hatte, »der junge Baum war an keinen Pfahl gebunden und ist krumm gewachsen, jetzt ist er zu alt, er wird nicht wieder grad. Ich bin ein Dieb geworden.«
Wir brauchen eine Einstellung unserer Regierenden, die den jungen Eltern hilft, ihre Bäume = ihre Kinder in einen Heimatboden einzuwurzeln und einzubinden, damit sie geradewachsen können!

Charakterprägung in ersten Kindheitsjahren

Es ist eine gute Sache, einer Kinderbuchautorin wie Astrid Lindgren den Friedenspreis des Deutschen Buchhandels zu verleihen. Sie hat es schon immer verstanden, ebenso große wie einfache Wahrheiten ihrer »Zielgruppe« gemäß auszusprechen. Astrid Lindgren schrieb den Deutschen am 22. 10. 1978 in der Frankfurter Paulskirche die Mahnung ins Stammbuch, ihre Kinder nicht mit Gewalt, sondern mit Liebe zu erziehen. Das bedeutet zwar nicht, so betonte sie zu Recht, daß man die Kinder sich selbst überläßt, daß sie tun und lassen dürfen, was sie wollen, es bedeutet nicht, daß sie ohne Normen aufwachsen sollen, was sie selber übrigens gar nicht wünschen. Und weiter: »›Überall lernt man nur von dem, den man liebt‹, hat Goethe einmal gesagt, und dann muß es wohl wahr sein. Ein Kind, das von seinen Eltern liebevoll behandelt wird und das seine Eltern liebt, gewinnt dadurch ein liebevolles Verhältnis zu seiner Umwelt und bewahrt diese Grundeinstellung sein Leben lang. Und das ist auch dann gut, wenn das Kind später nicht zu denen gehört, die das Schicksal der Welt lenken. Sollte das Kind aber wider Erwarten eines Tages doch zu diesen Mächtigen gehören, dann ist es für uns alle ein Glück, wenn seine Grundhaltung durch Liebe geprägt worden ist und nicht durch Gewalt. Auch künftige Staatsmänner und Politiker werden zu Charakteren geformt noch bevor sie das fünfte Lebensjahr erreicht haben – das ist erschreckend, aber es ist wahr.«

Man möge diese Stimme hierzulande im Ohr behalten. Wir haben die Moralpredigt der Kinderbuchautorin bitter nötig: Kinder lernen am lebendigen Vorbild, von dem, den sie lieben, und *charakterprägend* in den ersten fünf Lebensjahren! Diese unüberholten Prämissen der Entwicklungs- und Tiefenpsychologie unermüdlich in der Öffentlichkeit zu wiederholen, ist nötig – nicht aus Narretei, sondern weil man fortgesetzt den Familienmüttern einblies, daß sie für diesen Prägevorgang der ersten fünf Lebensjahre nicht mehr gebraucht würden. Dabei ließ sich Astrid Lindgrens intuitive Erkenntnis in der Praxis und in der Theorie immer exakter bestätigen. Ja, wir konnten die Gesetze einer gesunden Antriebsentwicklung, die Voraussetzungen zur Entwicklung eines liebevollen Charakters an den Fehlhaltungen unzureichend gepflegter Kinder sehr punktuell herausfinden und beschreiben. Aber dies alles half nicht zur Einsicht im Bewußtsein der maßgeblichen Öffentlichkeit. Daß die ersten fünf Lebensjahre entscheidend für die Charakterentwicklung des Kindes sind, das durfte nach Morgenstern-Manier einfach nicht wahr sein; solche wissenschaftliche Erkenntnis wurde in den deutschen Gazetten und von geifernden Rundfunkmoderatorinnen als einseitig, übertrieben, als mütter-ängstigend und Schuldgefühle erzeugend verteufelt.

Astrid Lindgren hat recht: Es ist erschreckend, daß die Prägung des menschlichen Charakters so weitgehend von den Einflüssen der Umwelt in den ersten Jahren abhängt – ABER ES IST WAHR! Eine Schrecklichkeit als Wahrheit zu akzeptieren – das ist freilich unendlich schwer; aber es wird über die Existenz des deutschen Volkes entscheiden, ob wir uns dazu durchringen. Warum ist das so schwer? Es ist schwer, weil viele Eltern zu spät erkennen, daß man ihnen falsche Ratschläge gab, als man ihnen sagte, daß Kinder auch in Institutionen zu seelisch gesunden Menschen heranwachsen können; denn es ist grundsätzlich für die Stabilität unseres Selbstwertgefühls gefährlich, uns einzugestehen, daß wir etwas falsch gemacht haben. Es ist aber auch so bitter belastend, weil es für die moderne, zum Beruf, zur Flexibilität und Selbständigkeit erzogenen Frau hart ist, in den ersten Lebensjahren ihres Kindes präsent zu sein, d.h. das Opfer ihres neu erkämpften Rechts auf Freiheit bringen zu sollen.

Aber die Einsicht in das Schwere solcher Leistungen darf auf Dauer nicht die wütende Verdrängung der Erkenntnis zur Folge haben, wie es bei uns seit zehn Jahren allenthalben geschieht, wenn wir an diesem Widerstand nicht zugrunde gehen wollen. Konstruktive, liebevolle Konsequenz müßte heißen: erstens, so umfassend wie möglich viele junge Eltern über die Einsichten zu informieren, um zu verhindern, daß immer mehr pathologische Charaktere entstehen; und zweitens, so viel wie möglich zu tun, um die jungen Frauen von dem Wert ihres Liebesopfers zu überzeugen und es ihnen durch Hilfsmaßnahmen praktisch zu ermöglichen. Es muß aber auch heißen, sich solidarisch und nicht pharisäisch um diejenigen leidgeprüften Eltern zu kümmern, bei denen die Not mit den Jugendlichen die Freude am Leben so schmerzlich einschränkt. Ihnen ihr Leid tragen zu helfen, statt sie zu verdammen, ihnen die Vergebung der Schuld als einen christlichen Weg der Erlösung heraus aus der Bedrückung zu verdeutlichen, sie anzunehmen und zu verstehen – das sollte die Konsequenz einer großen Rede für uns sein.

Vor allem aber möchte man sie unserer Frau Familienministerin in unverlöschbaren Lettern an die Wand ihres Amtszimmers schreiben, damit sie sich mehr Maßnahmen zur Stütze und Hilfe für die jungen Familien einfallen läßt. Noch einmal Astrid Lindgren: »Charaktere werden geformt, bevor das fünfte Lebensjahr erreicht ist – das ist erschreckend, aber es ist wahr!«

Wann werden wir zu später Stunde dazu ansetzen, diese Einsicht zu verwirklichen und uns aufmachen zu einer Familienförderung, die dem Notstand entspricht, in dem wir uns befinden? Mögen die beiden Polizisten, die mit der Maschinenpistole im Anschlag Frau Minister auf Schritt und Tritt begleiten, um sie vor bösen jungen Gewalttätern zu beschützen, ihr auf Schritt und Tritt sagen, daß sie und ihr Ressort persönlich gefragt seien, diesem scheußlichen Zustand abzuhelfen. Wir dürfen uns nicht täuschen: Durch Absicherungen ist kein Frieden zu erreichen, sondern nur durch tapferes Stärken der Liebe zu den Kindern in unseren Familien.

Halbzeit

Eine Frau mittlerenAlters springt auf und ruft unter aufbrandendem Beifall von mehr als tausend Händen aus: »Jetzt erst habe ich begriffen, was für einen Sinn das ›Jahr des Kindes‹ hat. Es soll uns die Einsicht vermitteln: Diese Reform hat unsere Kinder vergessen! Wir sollen, wir müssen uns überparteilich zusammenschließen, wir sollen uns aufraffen zum aktiven Schutz für die Kinder. Wir müssen den überregional zusammenarbeitenden Elternvereinen beitreten!«

Halbzeit im »Jahr des Kindes« und eine erstaunliche Bilanz: Nicht nur die Eltern schulpflichtiger Kinder, sondern eine breite Personenschicht verantwortungsbewußter Erwachsener geht unter dem Druck der zunehmenden Not mit der jungen Generation, geht mit Hilfe eines sich klärenden Bewußtseins, das sich nicht länger den Geist vernebeln lassen will, in die Aktionsbereitschaft. Die Säle der Veranstaltungen zum »Jahr des Kindes« sind regelmäßig brechend voll mit Hunderten und Aberhunderten von Menschen – nicht nur von Angehörigen der ebenfalls vergessenen Personenschicht Nur-Mutter, sondern von ebenso wachgewordenen Vätern, Großvätern, Pädagogen, Ärzten, Männern aus den verschiedensten Berufskreisen, auch denen, die auf den Genuß eines Fußballspiels am Fernseher verzichten, weil sie sich informieren

wollen über die Lage der Kinder in unserem Land, weil ihnen ihr gesunder Menschenverstand sagt, daß in diesem Bereich doch irgend etwas nicht stimmen kann.
Dies zeichnet sich zur Halbzeit im »Jahr des Kindes« ab: Nicht eine Steuerpartei, aber die Gründung einer Partei zum Schutz des Kindes könnte die kommende Wahl gewinnen; denn die fruchtbare und konstruktive Unruhe gerade der vielen noch nüchternen, noch klaren Geister in der Bevölkerung ist groß und sprunghaft im Wachsen begriffen. Das Hölderlin-Wort »Wo Gefahr ist, wächst das Rettende auch« beweist einmal mehr seine Gesetzlichkeit.

Das haben die verantwortungsbewußten Bürger der Bundesrepublik Deutschland im »Jahr des Kindes« begriffen:

daß der Schutz des Kindes, der jedem Menschen laut Grundgesetzt garantiert ist, abgebaut worden ist;

daß es bedeutet, das Kind schutzlos zu machen, wenn wir es der Anonymität unserer Massenschulen aussetzen;

daß es bedeutet, daß Kind in die Irre zu schicken, wenn wir es mit den Methoden einer »Wissenschaft« traktieren, die der Welt der *Sachen* entlehnt ist und der Realität eines heranwachsenden Menschen gar nicht entspricht;

daß es bedeutet, das Kind zu quälen, wenn wir alle in die gleiche Schublade zu pressen suchen, die für viele einfach nicht paßt;

daß es bedeutet, das Kind auszusetzen, wenn wir es in Sexualität einzuüben versuchen;

daß es Mord am Kind bedeutet, wenn wir im vergangenen Jahr 73500 Kindern legal das Recht zu leben verwehrten und sie schon im Mutterleib töteten;

daß wir unseren Kindern nicht wieder gutzumachenden Schaden zufügen, wenn wir sie gegen die Eltern und unsere liberale Demokratie aufhetzen und sie lehren, das Ziel ihres Lebens habe darin zu bestehen, dies alles abschaffen zu müssen;

daß wir unseren Kindern lebenslängliche seelische Dauerschäden angedeihen lassen, wenn wir Gesetze machen und einseitig Trends propagieren, die die Kinder des unaufgebbaren Schutzes der Familie, der personalen, verläßlichen, verantwortungsbewußten Betreuer mehr und mehr beraubt.

Was für eine glückhafte Bilanz! Trotz eines Vernebelungsfeldzuges von nie dagewesener Einwirkungsmöglichkeit über unsere modernen Medien tritt eine ganze Generation in die Klarheit des Bewußtseins: Unser Kind ist in Gefahr! Unser Kind ist einem schädlichen Zugriff ausgesetzt. Aber dieses Kind darf nie wieder zu einem Objekt von Machern werden, die letztlich doch nur die eigene Bemächtigung meinen. (Und gerade den Älteren ist diese Erfahrung als den so bitter gebrannten Kindern des Nazireiches noch fest im Hirn).
Unser Kind ist uns in seiner Schutzlosigkeit anvertraut. Es ist ein Wert an sich. Es ist kein Grashalm, den man nach Rasenmähermanier behandeln darf. Es ist ein unwiederholbares, achtenswertes Geschöpf.
Bilanz der Halbzeit im »Jahr des Kindes«: Wir wollen für sie einstehen, wir wollen uns wehren, wir wollen ihnen verantwortungsbewußt angedeihen lassen, wozu wir verpflichtet sind: Achtung, Respekt, sorgsames Geleit in all ihrer Schutzwürdigkeit und heute so erhöhten Schutzbedürftigkeit.